Mediterrāniešu ēdieni

Gaume, kultūra un veselība

Ilze Straume

Rādītājs

dārzeņu paella 8

Baklažānu un rīsu kastrolis 10

daudz dārzeņu kuskusa 11

Kušarī 14

Bulgurs ar tomātiem un aunazirņiem 17

skumbrijas makeroni 19

Makeroni ar ķiršu tomātiem un anšoviem 21

Citronu un garneļu risotto 23

spageti ar gliemenēm 25

Grieķu zivju zupa 27

Venerē rīsi ar garnelēm 29

Pennette ar lasi un degvīnu 31

Jūras veltes Carbonara 33

Garganelli ar cukini un garneļu pesto 35

laša risoto 38

Makaroni ar ķiršu tomātiem un anšoviem 40

Brokoļi un desu orecchiette 42

Radicchio un kūpināta bekona risotto 44

Makaroni alla Genovese 46

Ziedkāpostu makaroni no Neapoles 49

Pasta e Fagioli ar apelsīnu un fenheli 51

spageti al citrons 53

Garšvielu dārzeņu kuskuss 55

Cepti rīsi, kas garšoti ar fenheli 57

Marokas kuskuss ar aunazirņiem	59
Veģetārā paella ar zaļajām pupiņām un aunazirņiem	61
Ķiploku garneles ar tomātiem un baziliku	63
garneļu paella	65
Lēcu salāti ar olīvām, piparmētru un fetas sieru	67
Aunazirņi ar ķiplokiem un pētersīļiem	69
Sautēti aunazirņi ar baklažāniem un tomātiem	71
Grieķu rīsi ar citronu	73
Rīsi ar ķiplokiem un zaļumiem	75
Vidusjūras rīsu salāti	77
Svaigu pupiņu un tunča salāti	79
Gardas vistas nūdeles	81
Garšas Taco rīsu bļoda	83
Mac un siera garšīgs	85
Rīsi ar gurķi un olīvām	87
Garšaugu risoto garšas	89
garšīgi pavasara makaroni	91
Grauzdēti piparu makaroni	93
Siers ar baziliku un tomātu rīsiem	95
mac & siers	97
tunča makaroni	99
Avokado un Turcijas Panini maisījums	101
Gurķu, vistas un mango iesaiņojums	103
Fattoush - Tuvo Austrumu maize	105
Bez lipekļa Tomātu un ķiploku Focaccia	107
Grilēti hamburgeri ar sēnēm	109
Vidusjūras Baba Ghanoush	111

Daudzgraudu un bezglutēna ruļļi 113

Jūras veltes Linguine 115

Ingvera garneļu un tomātu garšviela 117

Garneles un makaroni 120

malta menca 122

Mīdijas baltvīnā 124

diļļu lasis 126

plakans lasis 128

tunča melodija 129

jūras siers 130

veselīgi steiki 131

augu lasis 132

Glazēta dūmu tunzivis 133

Paltuss Crusty 134

Fit Tuna 135

Karsti un svaigi zivju steiki 136

O'Marine gliemenes 137

Vidusjūras liellopa gaļa lēnajā plītē 138

Lēnās plīts Vidusjūras liellopu gaļa ar artišokiem 140

Pot Roast Vidusjūras stila vāja lēna plīts 142

Lēnās plīts gaļas kukulis 144

Lēnā plīts Vidusjūras liellopu gaļas gabaliņi 146

Vidusjūras cūkgaļas cepetis 148

gaļas pica 150

Liellopa un bulgura kotletes 153

Garšīga liellopa gaļa un brokoļi 155

liellopu gaļas kukurūzas čili 156

balzamiko gaļas plate	157
Cepta liellopa sojas mērce	159
Alecrim liellopa čaka cepetis	161
Cūkgaļas karbonādes un tomātu mērce	163
Vistas gaļa ar kaperu mērci	164
Turcijas burgeri ar mango mērci	166
Cepta tītara krūtiņa ar zaļumiem	168
Vistas desa un pipari	170
Sasmalcināta vistas gaļa	172
Toskānas vista	174
kapama vista	176
Vistas krūtiņa pildīta ar spinātiem un fetu	178
Cepti vistas stilbiņi ar rozmarīnu	180
Vistas gaļa ar sīpolu, kartupeli, vīģi un burkānu	181
Vistas žiroskops ar tzatziki	183
mussaka	185
Cūkgaļas fileja ar zaļumiem un dižonu	187
Steiks ar sarkanvīnu - sēņu mērci	189
grieķu kotletes	192
jēra gaļa ar pupiņām	194
Vistas gaļa balzamiko tomātu mērcē	196
Brūnie rīsi, fetas siers, svaigi zirņi un piparmētru salāti	198
Pilngraudu plātsmaize, pildīta ar olīvām un aunazirņiem	200
Grauzdēti burkāni ar riekstiem un Cannellini pupiņām	202
Sviestā garšota vista	204
Dubultā siera bekona vista	206
Garneles ar citronu un pipariem	208

Panēts un garšvielām bagāts paltuss 210

Laša karijs ar sinepēm 212

Lasis ar valriekstu-rozmarīna garozu 213

Ātrie tomātu spageti 215

Cepts siers ar oregano pipariem 217

311. Kraukšķīga itāļu vista 217

dārzeņu paella

Pagatavošanas laiks: 25 minūtes

gatavošanas laiks: 45 minūtes

Porcijas: 6

Grūtības pakāpe: vidēja

Sastāvdaļas:

- ¼ glāzes olīveļļas
- 1 liels saldais sīpols
- 1 liela sarkanā paprika
- 1 liela zaļā paprika
- 3 smalki sagrieztas ķiploka daiviņas
- 1 tējkarote kūpinātas paprikas
- 5 safrāna pavedieni
- 1 cukini sagriež ½ collu kubiņos
- 4 lieli, nogatavojušies tomāti, nomizoti, izsēti un sagriezti kubiņos
- 1½ glāzes spāņu īsgraudu rīsu
- 3 glāzes dārzeņu buljona, uzkarsēts

Instrukcijas:

Uzkarsē cepeškrāsni līdz 350 ° F. Pagatavojiet olīveļļu uz vidējas uguns. Pievienojiet sīpolus un sarkanos un zaļos piparus un vāriet 10 minūtes.

Pievienojiet ķiplokus, papriku, safrāna pavedienus, cukini un tomātus. Samaziniet uguni līdz vidēji zemam un vāriet 10 minūtes.

Pievienojiet rīsus un dārzeņu buljonu. Palieliniet siltumu, lai paelja vārītos. Liek uz vidēji zemas uguns un vāra 15 minūtes. Aptiniet cepešpannu ar alumīnija foliju un ievietojiet cepeškrāsnī.

Cep 10 minūtes vai līdz buljons uzsūcas.

Uzturs (uz 100g): 288 kalorijas 10 g tauku 46 g ogļhidrātu 3 g proteīna 671 mg nātrija

Baklažānu un rīsu kastrolis

Pagatavošanas laiks: 30 minūtes

gatavošanas laiks: 35 minūtes

Porcijas: 4

Grūtības līmenis: grūti

Sastāvdaļas:

- <u>mērcei</u>
- ½ glāzes olīveļļas
- 1 neliels sasmalcināts sīpols
- 4 saspiestas ķiploka daiviņas
- 6 nogatavojušies tomāti, nomizoti un sasmalcināti
- 2 ēdamkarotes tomātu pastas
- 1 tējkarote žāvēta oregano
- ¼ tējkarotes malta muskatrieksta
- ¼ tējkarotes maltas ķimenes
- <u>kastrolim</u>
- 4 (6 collas) japāņu baklažāni, gareniski pārgriezti uz pusēm
- 2 ēdamkarotes olīveļļas
- 1 glāze vārītu rīsu
- 2 ēdamkarotes priežu riekstu, grauzdēti
- 1 glāze ūdens

Instrukcijas:

lai pagatavotu mērci

Cepiet eļļu pannā ar biezu dibenu uz vidējas uguns. Ielieciet sīpolu un pagatavojiet 5 minūtes. Pievienojiet ķiplokus, tomātus, tomātu pastu, oregano, muskatriekstu un ķimenes. Uzkarsē līdz vārīšanās temperatūrai, tad samazini uguni un vāra 10 minūtes. Noņemiet un rezervējiet.

Lai pagatavotu kastroli

Uzkarsē grilu. Kamēr mērce vārās, apslaka baklažānus ar olīveļļu un liek cepamajā traukā. Grilēt apmēram 5 minūtes līdz zeltaini brūnai. Izņem un ļauj atdzist. Pagrieziet cepeškrāsni uz 375 °F. Atdzesētus baklažānus kārtojiet 9x15 collu cepamajā traukā ar griezuma pusi uz augšu. Viegli noņemiet daļu gaļas, lai atbrīvotu vietu pildījumam.

Bļodā sajauc pusi tomātu mērces, vārītos rīsus un priežu riekstus. Piepildiet katru baklažāna pusi ar rīsu maisījumu. Tajā pašā bļodā sajauc atlikušo tomātu mērci un ūdeni. Pārlej baklažānus. Cep, pārklājot, 20 minūtes, līdz baklažāni ir mīksti.

Uzturs (uz 100g): 453 kalorijas 39 g tauku 29 g ogļhidrātu 7 g proteīna 820 mg nātrija

daudz dārzeņu kuskusa

Pagatavošanas laiks: 15 minūtes

gatavošanas laiks: 45 minūtes

Porcijas: 8

Grūtības līmenis: grūti

Sastāvdaļas:

- ¼ glāzes olīveļļas
- 1 sasmalcināts sīpols
- 4 maltas ķiploka daiviņas
- 2 halapeno pipari, sadursta ar dakšiņu vairākās vietās
- ½ tējkarotes maltas ķimenes
- ½ tējkarotes malta koriandra
- 1 kārba (28 unces) sasmalcinātu tomātu
- 2 ēdamkarotes tomātu pastas
- 1/8 tējkarotes sāls
- 2 lauru lapas
- 11 glāzes ūdens, sadalīts
- 4 burkāni
- 2 cukini, sagriezti 2 collu gabaliņos
- 1 ozolzīles skvošs, pārgriezts uz pusēm, izsēts un sagriezts 1 collas biezās šķēlēs
- 1 kārba (15 unces) aunazirņu, nosusināti un noskaloti
- ¼ glāzes sasmalcinātu konservētu citronu (pēc izvēles)
- 3 glāzes kuskusa

Instrukcijas:

Cepiet eļļu pannā ar biezu dibenu. Pievienojiet sīpolu un sautējiet 4 minūtes. Iemaisa ķiplokus, halapeno, ķimenes un koriandru. Pagatavojiet 1 minūti. Pievienojiet tomātus, tomātu pastu, sāli, lauru lapas un 8 tases ūdens. Uzkarsē maisījumu līdz vārīšanās temperatūrai.

Pievienojiet burkānus, cukini un skvošus un atkal uzvāra. Nedaudz samaziniet siltumu, uzlieciet vāku un vāriet apmēram 20 minūtes, līdz dārzeņi ir mīksti, bet ne biezi. Paņemiet 2 tases gatavošanas šķidruma un novietojiet malā. Sezona pēc vajadzības.

Pievienojiet aunazirņus un konservētus citronus (ja lieto). Pagatavojiet dažas minūtes un izslēdziet uguni.

Vidējā katliņā uz lielas uguns uzvāra atlikušās 3 tases ūdens. Pievienojiet kuskusu, pārklājiet un izslēdziet uguni. Ļaujiet kuskusam nostāvēties 10 minūtes. Aplejiet ar 1 glāzi rezervētā gatavošanas šķidruma. Izmantojot dakšiņu, savelciet kuskusu.

Novietojiet to uz lielas šķīvja. Pārlej ar atlikušo gatavošanas šķidrumu. Noņemiet dārzeņus no pannas un kārtojiet tos virsū. Pārējo sautējumu pasniedz atsevišķā traukā.

Uzturs (uz 100g): 415 kalorijas 7 g tauku 75 g ogļhidrātu 9 g proteīna 718 mg nātrija

Kušarī

Pagatavošanas laiks: 25 minūtes

gatavošanas laiks: 1 stunda un 20 minūtes

Porcijas: 8

Grūtības līmenis: grūti

Sastāvdaļas:

- mērcei
- 2 ēdamkarotes olīveļļas
- 2 maltas ķiploka daiviņas
- 1 kārba (16 unces) tomātu mērces
- ¼ glāzes baltā etiķa
- ¼ glāze Harissa vai veikalā nopirkta
- 1/8 tējkarotes sāls
- rīsiem
- 1 glāze olīveļļas
- 2 plānās šķēlītēs sagriezti sīpoli
- 2 glāzes žāvētas brūnās lēcas
- 4 kvartas plus ½ tase ūdens, sadalīts
- 2 glāzes īsgraudu rīsu
- 1 tējkarote sāls
- Puse mārciņas īsu elkoņu makaroni
- 1 kārba (15 unces) aunazirņu, nosusināti un noskaloti

Instrukcijas:

lai pagatavotu mērci

Pannā uzvāra eļļu. Sautē ķiplokus. Iemaisa tomātu mērci, etiķi, harisu un sāli. Uzkarsē mērci līdz vārīšanās temperatūrai. Samaziniet uguni un vāriet 20 minūtes vai līdz mērce sabiezē. Noņemiet un rezervējiet.

Lai pagatavotu rīsus

Sagatavojiet šķīvi ar papīra dvieļiem un nolieciet malā. Lielā pannā uz vidējas uguns uzkarsē eļļu. Apcep sīpolu, nepārtraukti maisot, līdz tas kļūst kraukšķīgs un zeltains. Sīpolus pārliek sagatavotajā traukā un noliek malā. Rezervē 2 ēdamkarotes cepamās eļļas. Rezervējiet pannu.

Uz lielas uguns katliņā samaisa lēcas un 4 tases ūdens. Uzkarsē līdz vārīšanās temperatūrai un vāra 20 minūtes. Izkāš un samaisa ar rezervētajām 2 ēdamkarotēm cepamās eļļas. Noliec malā. Rezervējiet pannu.

Novietojiet pannu, ko izmantojāt sīpolu cepšanai uz vidēji lielas uguns un pievienojiet rīsus, 4½ tases ūdens un sāli. Uzkarsē līdz vārīšanās temperatūrai. Noregulējiet uguni uz zemu un vāriet 20 minūtes. Izslēdziet un nolieciet malā uz 10 minūtēm. Atlikušās 8 glāzes sālīta ūdens uzkarsē līdz vārīšanās temperatūrai tajā pašā katlā, kuru izmantojāt lēcu vārīšanai. Pievienojiet makaronus un vāriet 6 minūtes vai saskaņā ar iepakojuma norādījumiem. Skrien un rezervē.

Braukt

Novietojiet rīsus uz šķīvja. Virsū uzber lēcas, aunazirņus un makaronus. Pārlej ar karsto tomātu mērci un pārkaisa ar kraukšķīgi ceptiem sīpoliem.

Uzturs (uz 100g): 668 kalorijas 13 g tauku 113 g ogļhidrātu 18 g proteīna 481 mg nātrija

Bulgurs ar tomātiem un aunazirņiem

Pagatavošanas laiks: 10 minūtes

gatavošanas laiks: 35 minūtes

Porcijas: 6

Grūtības pakāpe: vidēja

Sastāvdaļas:

- ½ glāzes olīveļļas
- 1 sasmalcināts sīpols
- 6 kubiņos sagriezti tomāti vai 1 kārba (16 unces) kubiņos sagriezti tomāti
- 2 ēdamkarotes tomātu pastas
- 2 tases ūdens
- 1 ēdamkarote Harissa vai veikalā nopērkama
- 1/8 tējkarotes sāls
- 2 glāzes bieza bulgura
- 1 kārba (15 unces) aunazirņu, nosusināti un noskaloti

Instrukcijas:

Pannā ar biezu dibenu uz vidējas uguns uzkarsē eļļu. Sīpolu apcep, pievieno tomātus ar sulu un sautē 5 minūtes.

Iemaisa tomātu pastu, ūdeni, harisu un sāli. Uzkarsē līdz vārīšanās temperatūrai.

Iemaisa bulguru un aunazirņus. Atgrieziet maisījumu līdz vārīšanās temperatūrai. Samaziniet uguni un vāriet 15 minūtes. Pirms pasniegšanas ļaujiet atpūsties 15 minūtes.

Uzturs (uz 100g): 413 kalorijas 19 g tauku 55 g ogļhidrātu 14 g proteīna 728 mg nātrija

skumbrijas makeroni

Pagatavošanas laiks: 10 minūtes

gatavošanas laiks: 15 minūtes

Porcijas: 4

Grūtības līmenis: viegli

Sastāvdaļas:

- 12 unces makaronu
- 1 ķiploka daiviņa
- 14 unces tomātu mērces
- 1 zariņš sasmalcinātu pētersīļu
- 2 svaigi pipari
- 1 tējkarote sāls
- 7 unces skumbrijas eļļā
- 3 ēdamkarotes neapstrādātas augstākā labuma olīveļļas

Instrukcijas:

Sāciet ar ūdens uzvārīšanu katlā. Kamēr ūdens uzsilst, paņemiet pannu, ielieciet eļļu un ķiploku un uzlieciet uz lēnas uguns. Kad ķiploki ir gatavi, noņemiet tos no pannas.

Pipari sagriež, izņem iekšējās sēklas un sagriež plānās strēmelītēs.

Pievienojiet vārīšanas ūdeni un čili piparus tajā pašā pannā, kurā bija iepriekš. Tad izņem skumbriju un pēc eļļas notecināšanas un atdalīšanas ar dakšiņu ievietojiet to pannā kopā ar pārējām sastāvdaļām. Viegli sautē, pievienojot nedaudz vārāmā ūdens.

Kad visas sastāvdaļas ir labi sajauktas, ielieciet tomātu biezeni pannā. Labi samaisiet, lai visas sastāvdaļas būtu vienādas, un vāra uz lēnas uguns apmēram 3 minūtes.

Pārejam pie mīklas:

Kad ūdens sāk vārīties, pievienojiet sāli un makaronus. Nolejiet macheroni, tiklīdz tie ir nedaudz al dente, un pievienojiet tos pagatavotajai mērcei.

Sautējiet dažus mirkļus mērcē un pēc pagaršošanas pievienojiet sāli un piparus pēc garšas.

Uzturs (uz 100g): 510 kalorijas 15,4 g tauki 70 g ogļhidrāti 22,9 g olbaltumvielas 730 mg nātrija

Makeroni ar ķiršu tomātiem un anšoviem

Pagatavošanas laiks: 10 minūtes

gatavošanas laiks: 15 minūtes

Porcijas: 4

Grūtības līmenis: viegli

Sastāvdaļas:

- 14 unces makaronu
- 6 sālīti anšovi
- 4 unces ķiršu tomātu
- 1 ķiploka daiviņa
- 3 ēdamkarotes neapstrādātas augstākā labuma olīveļļas
- svaigi pipari pēc garšas
- 3 bazilika lapiņas
- sāls pēc garšas

Instrukcijas:

Sāciet ar ūdens sildīšanu pannā un pievienojiet sāli, kad tas vārās. Tikmēr pagatavo mērci: ņem nomazgātos tomātus un sagriež tos 4 daļās.

Tagad paņemiet nepiedegošu pannu, aplejiet nedaudz eļļas un iemetiet ķiploka daiviņu. Kad tas ir pagatavots, noņemiet to no pannas. Pievienojiet notīrītos anšovus pannā, izkausējot tos eļļā.

Kad anšovi labi izšķīduši, pievieno sasmalcinātus tomātu gabaliņus un liek uz lielas uguns, līdz tie sāk mīkstināt (uzmanieties, lai tie pārāk nesamīkstinātu).

Pievienojiet nelielos gabaliņos sagrieztu čili piparu bez sēklām un garšojiet.

Pārlejiet makaronus verdoša ūdens pannā, noteciniet al dente un ļaujiet tiem dažus mirkļus pagatavot pannā.

Uzturs (uz 100g):476 kalorijas 11 g tauki 81,4 g ogļhidrāti 12,9 g olbaltumvielas 763 mg nātrija

Citronu un garneļu risotto

Pagatavošanas laiks: 10 minūtes

gatavošanas laiks: 30 minūtes

Porcijas: 4

Grūtības līmenis: viegli

Sastāvdaļas:

- 1 citrons
- 14 unces nemizotas garneles
- 1 ¾ glāzes risoto rīsu
- 1 baltais sīpols
- 33 lpp unce (1 litrs) dārzeņu buljona (labāk ir arī mazāk)
- 2 ½ ēdamkarotes sviesta
- ½ glāzes baltvīna
- sāls pēc garšas
- melnie pipari pēc garšas
- maurloki pēc garšas

Instrukcijas:

Sāciet ar to, ka garneles vāra sālsūdenī 3-4 minūtes, nokāš un noliek malā.

Nomizo un smalki sagriež vienu sīpolu, apcep kausētā sviestā un, tiklīdz sviests izžūst, uz pannas dažas minūtes apgrauzdē rīsus.

Deglazē rīsus ar pusglāzi baltvīna un pievieno 1 citrona sulu. Samaisiet un pabeidziet gatavot rīsus, pēc vajadzības turpinot pievienot karoti dārzeņu buljona.

Kārtīgi samaisa un dažas minūtes pirms gatavošanas beigām pievieno iepriekš novārītās garneles (dažu rezervē dekorēšanai) un nedaudz melnos piparus.

Kad siltums ir izslēgts, pievienojiet sviesta gabaliņu un samaisiet. Risotto ir gatavs pasniegšanai. Rotā ar atlikušajām garnelēm un pārkaisa ar dažiem pavasara sīpoliem.

Uzturs (uz 100g): 510 kalorijas 10 g tauki 82,4 g ogļhidrāti 20,6 g olbaltumvielas 875 mg nātrija

spageti ar gliemenēm

Pagatavošanas laiks: 10 minūtes

gatavošanas laiks: 40 minūtes

Porcijas: 4

Grūtības līmenis: viegli

Sastāvdaļas:

- 11,5 unces spageti
- 2 mārciņas gliemeņu
- 7 unces tomātu mērce vai tomātu biezenis šī ēdiena sarkanajai versijai
- 2 ķiploka daiviņas
- 4 ēdamkarotes neapstrādātas augstākā labuma olīveļļas
- 1 glāze sausa baltvīna
- 1 ēdamkarote sasmalcinātu pētersīļu
- 1 pipars

Instrukcijas:

Sāciet ar gliemeņu mazgāšanu: nekad "neiztīriet" gliemenes – tās drīkst atvērt tikai ar karstumu, pretējā gadījumā kopā ar smiltīm tiks zaudēts to vērtīgais iekšējais šķidrums. Ātri nomazgājiet gliemenes, izmantojot salātu bļodā ievietotu caurduri: tas izfiltrēs smiltis no čaumalām.

Pēc tam nosusinātās gliemenes nekavējoties liek pārklātā katlā uz lielas uguns. Ik pa laikam tos apgrieziet un, kad gandrīz visi ir atvērti, noņemiet no uguns. Gliemenes, kas paliek aizvērtas, ir beigtas un ir jāiznīcina. Izņem mīkstmiešus no atvērtajiem, atstājot nedaudz veselus šķīvju dekorēšanai. Ielejiet no pannas apakšas pāri palikušo šķidrumu un rezervējiet.

Paņemiet lielu pannu un ielejiet tajā eļļu. Uz ļoti mazas uguns karsē veselu piparu un vienu vai divas saspiestas ķiploka daiviņas, līdz daiviņas kļūst dzeltenas. Pievienojiet gliemenes un apkaisiet ar sausu baltvīnu.

Tagad pievienojiet iepriekš izkātu gliemeņu šķidrumu un nedaudz sasmalcinātu pētersīļu.

Izkāš un nekavējoties ievietojiet al dente spageti pannā pēc tam, kad tie ir pagatavoti lielā sālsūdenī. Kārtīgi samaisiet, līdz spageti ir uzsūkuši visu šķidrumu no gliemenēm. Ja neizmantojāt piparus, pievienojiet tiem nelielu balto vai melno piparu šķipsniņu.

Uzturs (uz 100g): 167 kalorijas 8 g tauki 8,63 g ogļhidrāti 5 g olbaltumvielas 720 mg nātrija

Grieķu zivju zupa

Pagatavošanas laiks: 10 minūtes

gatavošanas laiks: 60 minūtes

Porcijas: 4

Grūtības līmenis: viegli

Sastāvdaļas:

- Heks vai citas baltas zivis
- 4 kartupeļi
- 4 pavasara sīpoli
- 2 burkāni
- 2 selerijas kāti
- 2 tomāti
- 4 ēdamkarotes neapstrādātas augstākā labuma olīveļļas
- 2 olas
- 1 citrons
- 1 glāze rīsu
- sāls pēc garšas

Instrukcijas:

Izvēlieties zivi, kas sver ne vairāk kā 2,2 kilogramus, noņemiet zvīņas, žaunas un zarnas un rūpīgi nomazgājiet. Sāls un grāmata.

Nomazgājiet kartupeļus, burkānus un sīpolus un ievietojiet tos pannā ar pietiekami daudz ūdens, lai tie izmirktu, un pēc tam uzkarsē līdz vārīšanās temperatūrai.

Pievieno vēl ķekaros sasietas selerijas, lai gatavošanas laikā neizklīst, tomātus sagriež četrās daļās un pievieno arī tos kopā ar eļļu un sāli.

Kad dārzeņi ir gandrīz gatavi, pievienojiet vēl ūdeni un zivis. Vāra 20 minūtes un kopā ar dārzeņiem izņem no buljona.

Novietojiet zivis uz šķīvja, dekorējot to ar dārzeņiem, un izkāš buljonu. Atkal uzlieciet buljonu uz uguns, atšķaidot to ar nedaudz ūdens. Pēc vārīšanas pievienojiet rīsus un pievienojiet sāli. Kad rīsi ir pagatavoti, noņemiet pannu no uguns.

Sagatavojiet avgolemono mērci:

Labi sakuļ olas un pakāpeniski pievieno citrona sulu. Ielejiet kausā nedaudz buljona un, nepārtraukti maisot, pakāpeniski ielejiet olās.

Beigās zupai pievieno iegūto mērci un kārtīgi samaisa.

Uzturs (uz 100g): 263 kalorijas 17,1 g tauki 18,6 g ogļhidrāti 9 g olbaltumvielas 823 mg nātrija

Venerē rīsi ar garnelēm

Pagatavošanas laiks: 10 minūtes

gatavošanas laiks: 55 minūtes

Porcijas: 3

Grūtības līmenis: viegli

Sastāvdaļas:

- 1 ½ tase melno Venere rīsu (vislabāk, ja tvaicēti)
- 5 tējkarotes neapstrādātas augstākā labuma olīveļļas
- 10,5 unces garneļu
- 10,5 unces cukini
- 1 citrons (sula un miziņa)
- galda sāls pēc garšas
- melnie pipari pēc garšas
- 1 ķiploka daiviņa
- tabasko pēc garšas

Instrukcijas:

Sāksim ar rīsiem:

Pēc tam, kad panna ir piepildīta ar lielu daudzumu ūdens un uzvārīta, pievienojiet rīsus, pievienojiet sāli un vāriet nepieciešamo laiku (skatiet sagatavošanas norādījumus uz iepakojuma).

Tikmēr sarīvē cukīni ar lielo caurumu rīvi. Pannā uzkarsē eļļu ar nomizotu ķiploka daiviņu, pievieno sarīvētu cukīni, sāli un piparus un vāra 5 minūtes, izņem ķiploka daiviņu un patur dārzeņus.

Tagad notīriet garneles:

Noņemiet ādu, nogrieziet asti, sadaliet gareniski uz pusēm un noņemiet zarnu (tumšo pavedienu aizmugurē). Notīrītās garneles liek bļodā un pārlej ar olīveļļu; piešķiriet tai papildu garšu, pievienojot citrona miziņu, sāli un piparus un, ja vēlaties, pievienojot dažus pilienus Tabasco.

Karsē garneles dažas minūtes karstā pannā. Kad pagatavojies, noliek malā.

Kad Venere rīsi ir gatavi, izkāš tos bļodā, pievieno cukini maisījumu un samaisa.

Uzturs (uz 100g): 293 kalorijas 5 g tauki 52 g ogļhidrāti 10 g olbaltumvielas 655 mg nātrija

Pennette ar lasi un degvīnu

Pagatavošanas laiks: 10 minūtes

gatavošanas laiks: 18 minūtes

Porcijas: 4

Grūtības līmenis: viegli

Sastāvdaļas:

- 14oz Pennette Rigate
- 7 unces kūpināts lasis
- 1,2 unces šalotes
- 1,35 fl. unces (40 ml) degvīna
- 5 unces ķiršu tomātu
- 7 unces svaiga šķidra krējuma (es iesaku augu krēmu vieglākam ēdienam)
- maurloki pēc garšas
- 3 ēdamkarotes neapstrādātas augstākā labuma olīveļļas
- sāls pēc garšas
- melnie pipari pēc garšas
- Baziliks pēc garšas (dekorēšanai)

Instrukcijas:

Nomazgājiet un sagrieziet tomātus un maurlokus. Pēc sīpolu nomizošanas sasmalciniet to ar nazi, ievietojiet pannā un ļaujiet tam dažus mirkļus marinēties neapstrādātā augstākā labuma olīveļļā.

Tikmēr sagriež lasi strēmelītēs un sautē kopā ar olīveļļu un šalotes sīpoli.

Visu sajauciet ar degvīnu, uzmanieties, jo var rasties uzliesmojums (ja liesma uzliesmo, neuztraucieties, tā norims, kad alkohols būs pilnībā iztvaikojis). Pievienojiet sasmalcinātus tomātus un šķipsniņu sāls un, ja vēlaties, nedaudz piparus. Beigās pievieno krējumu un sasmalcinātus maurlokus.

Kamēr mērce turpina vārīties, sagatavo makaronus. Kad ūdens vārās, ielej Pennette un vāra līdz al dente.

Izkāš makaronus un ielej Pennette mērcē, ļaujiet tai dažus mirkļus pagatavot, lai tas absorbētu visu garšu. Ja vēlaties, dekorējiet ar bazilika lapiņu.

Uzturs (uz 100g): 620 kalorijas 21,9 g tauki 81,7 g ogļhidrāti 24 g olbaltumvielas 326 mg nātrija

Jūras veltes Carbonara

Pagatavošanas laiks: 15 minūtes

gatavošanas laiks: 50 minūtes

Porcijas: 3

Grūtības līmenis: viegli

Sastāvdaļas:

- 11,5 unces spageti
- 3,5 unces tunča
- 3,5 unces zobenzivs
- 3,5 unces laša
- 6 dārgakmeņi
- 4 ēdamkarotes parmezāna siera (Parmigiano Reggiano)
- 2 lapas unces (60 ml) baltvīna
- 1 ķiploka daiviņa
- Neapstrādāta augstākā labuma olīveļļa pēc garšas
- galda sāls pēc garšas
- melnie pipari pēc garšas

Instrukcijas:

Pannā pagatavo verdošu ūdeni un pievieno nedaudz sāls.

Tikmēr bļodā ievieto 6 olu dzeltenumus un pievieno rīvētu parmezānu, piparus un sāli. Sakuļ ar stiepļu putotāju un atšķaida ar nedaudz ūdens no katla.

Lašam izņem kaulus, zobenzivīm zvīņus un tunzivi, lasi un zobenzivi sagriež kubiņos.

Pēc vārīšanās pievienojiet makaronus un nedaudz pagatavojiet al dente.

Tikmēr lielā pannā uzkarsē nedaudz eļļas, pievieno visu nomizotu ķiploka daiviņu. Kad eļļa ir karsta, pievienojiet zivju kubiņus un sautējiet uz lielas uguns apmēram 1 minūti. Izņemiet ķiplokus un pievienojiet baltvīnu.

Kad alkohols ir iztvaikojis, izņemiet zivju kubiņus un samaziniet uguni. Kad spageti ir gatavi, pievienojiet tos pannai un vāriet apmēram minūti, nepārtraukti maisot un, ja nepieciešams, pievienojot gatavošanas ūdeni.

Pievienojiet dzeltenuma maisījumu un zivju kubiņus. Kārtīgi samaisa. Pasniedziet.

Uzturs (uz 100g): 375 kalorijas 17 g tauki 41,40 g ogļhidrāti 14 g olbaltumvielas 755 mg nātrija

Garganelli ar cukini un garneļu pesto

Pagatavošanas laiks: 10 minūtes

gatavošanas laiks: 30 minūtes

Porcijas: 4

Grūtības pakāpe: vidēja

Sastāvdaļas:

- 14 unces uz olu bāzes gatavots Garganelli
- Cukini pesto:
- 7 unces cukini
- 1 glāze priežu riekstu
- 8 ēdamkarotes (0,35 unces) bazilika
- 1 tējkarote galda sāls
- 9 ēdamkarotes neapstrādātas augstākā labuma olīveļļas
- 2 ēdamkarotes parmezāna siera, kas jāsarīvē
- 1 unce pekorīno, kas jāsarīvē
- Sautētām garnelēm:
- 8,8 unces garneļu
- 1 ķiploka daiviņa
- 7 tējkarotes neapstrādātas augstākā labuma olīveļļas
- šķipsna sāls

Instrukcijas:

Sāciet ar pesto gatavošanu:

Pēc cukini nomazgāšanas sarīvē, liek caurdurī (lai tie zaudē lieko šķidrumu) un nedaudz sāli. Priežu riekstus, cukini un bazilika lapas liek blenderī. Pievienojiet rīvētu parmezānu, pekorīno un neapstrādātu augstākā labuma olīveļļu.

Sakuļ visu, līdz iegūst krēmīgu masu, pievieno šķipsniņu sāls un noliek malā.

Pāriet uz garnelēm:

Vispirms izņem zarnu, ar nazi pārgriežot garnelēm muguru visā garumā un ar naža galu noņem melno pavedienu iekšpusē.

Cepiet ķiploka daiviņu nepiedegošā pannā ar neapstrādātu augstākā labuma olīveļļu. Kad tie ir zeltaini, izņemiet ķiplokus un pievienojiet garneles. Sautējiet tos apmēram 5 minūtes uz vidējas uguns, līdz ārpusē ir redzama kraukšķīga garoza.

Pēc tam uzvāra sālītu ūdeni un pagatavo Garganelli. Rezervējiet dažas ēdamkarotes vārāmā ūdens un noteciniet makaronus al dente.

Ievietojiet Garganelli pannā, kur gatavojāt garneles. Pagatavojiet minūti, pievienojiet karoti vārāmā ūdens un visbeidzot pievienojiet cukīni pesto.

Visu kārtīgi samaisa, lai makaroni apvienotos ar mērci.

Uzturs (uz 100g): 776 kalorijas 46 g tauki 68 g ogļhidrāti 22,5 g olbaltumvielas 835 mg nātrija

laša risoto

Pagatavošanas laiks: 10 minūtes

gatavošanas laiks: 30 minūtes

Porcijas: 4

Grūtības pakāpe: vidēja

Sastāvdaļas:

- 1 ¾ tase (12,3 unces) rīsu
- 8,8 unces laša steiku
- 1 puravi
- Neapstrādāta augstākā labuma olīveļļa pēc garšas
- 1 ķiploka daiviņa
- ½ glāzes baltvīna
- 3 ½ ēdamkarotes rīvētas Grana Padano
- sāls pēc garšas
- melnie pipari pēc garšas
- 17 lpp 500 ml (oz) zivju buljona
- 1 glāze sviesta

Instrukcijas:

Sāciet, notīrot lasi un sagriežot to mazos gabaliņos. Pannā ar veselu ķiploka daiviņu uzvāra 1 ēdamkaroti eļļas un 2/3 minūtes apbrūnina lasi, pievieno sāli un rezervē lasi, noņemot ķiplokus.

Tagad sāciet gatavot risoto:

Puravu sagriež ļoti mazos gabaliņos un katliņā uz lēnas uguns vāra kopā ar divām ēdamkarotēm olīveļļas. Pievienojiet rīsus un, maisot ar koka karoti, vāriet dažas sekundes uz vidēji lielas uguns.

Pievienojiet baltvīnu un turpiniet gatavot, laiku pa laikam apmaisot, cenšoties, lai rīsi nepieliptu pie pannas, un pakāpeniski pievienojiet buljonu (dārzeņus vai zivis).

Gatavošanas pusceļā pievienojiet lasi, sviestu un, ja nepieciešams, šķipsniņu sāls. Kad rīsi ir labi pagatavoti, noņemiet no karstuma. Apvienojiet ar dažām ēdamkarotēm rīvētu Grana Padano un pasniedziet.

Uzturs (uz 100g): 521 kalorija 13 g tauki 82 g ogļhidrāti 19 g olbaltumvielas 839 mg nātrija

Makaroni ar ķiršu tomātiem un anšoviem

Pagatavošanas laiks: 15 minūtes

gatavošanas laiks: 35 minūtes

Porcijas: 4

Grūtības līmenis: viegli

Sastāvdaļas:

- 10,5 unces spageti
- 1,3 mārciņas ķiršu tomāti
- 9 unces anšovi (iepriekš notīrīti)
- 2 ēdamkarotes kaperu
- 1 ķiploka daiviņa
- 1 mazs sarkanais sīpols
- pētersīļi pēc garšas
- Neapstrādāta augstākā labuma olīveļļa pēc garšas
- galda sāls pēc garšas
- melnie pipari pēc garšas
- Melnās olīvas pēc garšas

Instrukcijas:

Sagriež ķiploka daiviņu, iegūstot plānas šķēles.

Ķiršu tomātus sagriež 2. Sīpolu nomizo un sagriež plānās šķēlītēs.

Pannā ielej olīveļļu ar sagrieztu ķiploku un sīpolu. Visu karsē uz vidējas uguns 5 minūtes; laiku pa laikam apmaisa.

Kad viss ir labi nogaršots, pievienojiet ķiršu tomātus un šķipsniņu sāli un piparus. Pagatavojiet 15 minūtes. Tikmēr uzlieciet uz plīts pannu ar ūdeni un, tiklīdz tas uzvārās, pievienojiet sāli un makaronus.

Kad mērce gandrīz gatava, iemaisa anšovus un vāra dažas minūtes. Viegli samaisiet.

Izslēdziet uguni, sasmalciniet pētersīļus un ielieciet tos pannā.

Kad makaroni ir pagatavoti, izkāš un iemaisa tieši mērcē. Uz dažām sekundēm atkal ieslēdziet sildītāju.

Uzturs (uz 100g): 446 kalorijas 10 g tauki 66,1 g ogļhidrāti 22,8 g olbaltumvielas 934 mg nātrija

Brokoļi un desu orecchiette

Pagatavošanas laiks: 10 minūtes

gatavošanas laiks: 32 minūtes

Porcijas: 4

Grūtības pakāpe: vidēja

Sastāvdaļas:

- 11,5 unces Orecchiette
- 10,5 brokoļi
- 10,5 unces desas
- 1,35 fl. unces (40 ml) baltvīna
- 1 ķiploka daiviņa
- 2 timiāna zariņi
- 7 tējkarotes neapstrādātas augstākā labuma olīveļļas
- melnie pipari pēc garšas
- galda sāls pēc garšas

Instrukcijas:

Uzvāra pannu ar lielu daudzumu ūdens un sāls. Noņemiet brokoļus no kātiņa un sagrieziet tos uz pusēm vai 4 daļās, ja tie ir ļoti lieli; tad ielieciet tos verdošā ūdenī un pārklājiet pannu un vāriet 6-7 minūtes.

Tikmēr smalki sakapā timiānu un noliek malā. Izvelciet desas apvalku un ar dakšiņas palīdzību viegli mīciet.

Apcepiet ķiploka daiviņu ar mazu eļļu un pievienojiet desu. Pēc dažām sekundēm pievienojiet timiānu un baltvīna šļakatu.

Neizmetot gatavošanas ūdeni, novārītos brokoļus ar rievkarotes palīdzību izņem un pamazām pievieno gaļai. Visu sautē 3-4 minūtes. Izņemiet ķiplokus un pievienojiet šķipsniņu melno piparu.

Uzvāriet ūdeni vietā, kur gatavojāt brokoļus, pēc tam pievienojiet makaronus un ļaujiet tiem pagatavoties. Kad makaroni ir pagatavoti, izkāš tos ar rievām karoti, pārnesot tos tieši brokoļu desu mērcē. Tad kārtīgi samaisa, pievieno melnos piparus un visu sautē pannā dažas minūtes.

Uzturs (uz 100g): 683 kalorijas 36 g tauki 69,6 g ogļhidrāti 20 g olbaltumvielas 733 mg nātrija

Radicchio un kūpināta bekona risotto

Pagatavošanas laiks: 10 minūtes

gatavošanas laiks: 30 minūtes

Porcijas: 3

Grūtības pakāpe: vidēja

Sastāvdaļas:

- 1 ½ tase rīsu
- 14 unces Radicchio
- 5,3 unces kūpināta bekona
- 34 lpp oz (1l) dārzeņu buljona
- 3,4 fl. unces (100 ml) sarkanvīna
- 7 tējkarotes neapstrādātas augstākā labuma olīveļļas
- 1,7 unces šalotes
- galda sāls pēc garšas
- melnie pipari pēc garšas
- 3 timiāna zariņi

Instrukcijas:

Sāksim ar dārzeņu buljona gatavošanu.

Sāciet ar radicchio: pārgrieziet to uz pusēm un noņemiet centrālo daļu (balto daļu). Sagriež sloksnēs, labi noskalo un noliek malā. Arī kūpināto bekonu sagriežam mazās strēmelītēs.

Smalki sagrieziet šalotes sīpolu un ievietojiet pannā ar mazu eļļu. Uz vidējas uguns uzkarsē līdz vārīšanās temperatūrai, pievienojot kausu buljona, tad pievieno bekonu un ļauj apbrūnināt.

Pēc apmēram 2 minūtēm pievienojiet rīsus un grauzdējiet tos, nepārtraukti maisot. Šajā brīdī pārlejiet sarkanvīnu uz lielas uguns.

Kad viss alkohols ir iztvaikojis, turpiniet gatavot, pa vienam kausam pievienojot buljonu. Ļaujiet iepriekšējam nožūt, pirms pievienojat citu, līdz tas ir pilnībā gatavs. Pievienojiet sāli un melnos piparus (atkarībā no tā, cik daudz jūs nolemjat pievienot).

Gatavošanas beigās pievienojiet radicchio sloksnes. Labi samaisiet, līdz tie ir sajaukti ar rīsiem, bet negatavojot tos. Pievieno sasmalcinātu timiānu.

Uzturs (uz 100g): 482 kalorijas 17,5 g tauki 68,1 g ogļhidrāti 13 g olbaltumvielas 725 mg nātrija

Makaroni alla Genovese

Pagatavošanas laiks: 10 minūtes

gatavošanas laiks: 25 minūtes

Porcijas: 3

Grūtības pakāpe: vidēja

Sastāvdaļas:

- 11,5 unces Ziti
- 1 kilograms gaļas
- 2,2 mārciņas zelta sīpolu
- 2 unces selerijas
- 2 unces burkānu
- 1 ķekars pētersīļu
- 3,4 fl. oz (100 ml) baltvīna
- Neapstrādāta augstākā labuma olīveļļa pēc garšas
- galda sāls pēc garšas
- melnie pipari pēc garšas
- parmezāns pēc garšas

Instrukcijas:

Lai pagatavotu mīklu, sāciet ar:

Sīpolus un burkānus nomizo un smalki sagriež. Pēc tam nomazgājiet un smalki sagrieziet seleriju (neizmetiet lapas, kuras arī jāsasmalcina un jānoliek malā). Pēc tam pāriet uz gaļu, noslaukiet liekos taukus un sagrieziet 5/6 lielos gabaliņos.

Visbeidzot, sasieniet selerijas lapas un pētersīļu zariņu ar virtuves auklu, lai izveidotu smaržīgu ķekaru.

Piepildiet lielu pannu ar lielu daudzumu eļļas. Pievienojiet sīpolu, seleriju un burkānu (kurus rezervējāt iepriekš) un ļaujiet tam pagatavot dažas minūtes.

Tad pievienojiet gaļas gabalus, šķipsniņu sāls un smaržīgo ķekaru. Samaisa un vāra dažas minūtes. Pēc tam samaziniet uguni un pārklājiet ar vāku.

Vāra vismaz 3 stundas (nepievienojiet ūdeni vai buljonu, jo sīpols izdalīs visu nepieciešamo šķidrumu, lai novērstu pannas dibena izžūšanu). Reizēm visu pārbaudiet un samaisiet.

Pēc 3 stundu vārīšanas izņem zaļumu ķekaru, nedaudz palielina uguni, pievieno daļu vīna un apmaisa.

Gaļu vāra bez vāka apmēram stundu, nepārtraukti maisot un pievienojot vīnu, kad pannas apakšdaļa izžūst.

Šajā brīdī ņem gaļas gabalu, sagriež to šķēlēs uz dēļa un noliek malā. Ziti sasmalcina un vāra verdošā sālsūdenī.

Kad gatavs, nokāš un liek atpakaļ katlā. Ielejiet dažas ēdamkarotes vārāmā ūdens un samaisiet. Ielieciet to uz šķīvja un pievienojiet nedaudz mērces un sadrupinātu gaļu (to, kas rezervēta 7. darbībā). Pēc garšas pievienojiet piparus un rīvētu parmezānu.

Uzturs (uz 100g): 450 kalorijas 8 g tauki 80 g ogļhidrāti 14,5 g olbaltumvielas 816 mg nātrija

Ziedkāpostu makaroni no Neapoles

Pagatavošanas laiks: 15 minūtes
gatavošanas laiks: 35 minūtes
Porcijas: 3
Grūtības pakāpe: vidēja

Sastāvdaļas:

- 10,5 unces mīkla
- 1 ziedkāposti
- 3,4 fl. oz (100 ml) tomātu biezeņa
- 1 ķiploka daiviņa
- 1 pipars
- 3 ēdamkarotes neapstrādātas augstākā labuma olīveļļas (vai tējkarotes)
- sāls pēc garšas
- pipari pēc garšas

Instrukcijas:

Labi notīriet ziedkāpostu: noņemiet ārējās lapas un kātu. Sagrieziet to mazos ziediņos.

Nomizojiet ķiploka daiviņu, sasmalciniet un apcepiet kastrolī ar olīveļļu un čili pipariem.

Pievieno tomātu biezeni un puķkāpostu puķes un ļauj dažas minūtes apbrūnināties uz vidējas uguns, pārlej ar dažiem kausiem ūdens un vāra 15-20 minūtes vai vismaz līdz ziedkāposti sāk kļūt krēmīgi.

Ja pamanāt, ka pannas dibens ir pārāk sauss, pievienojiet tik daudz ūdens, cik nepieciešams, lai maisījums paliktu šķidrs.

Šajā brīdī ziedkāpostu aplej ar karstu ūdeni un, kad tas uzvārās, pievieno makaronus.

Garšojiet ar sāli un pipariem.

Uzturs (uz 100g): 458 kalorijas 18 g tauki 65 g ogļhidrāti 9 g olbaltumvielas 746 mg nātrija

Pasta e Fagioli ar apelsīnu un fenheli

Pagatavošanas laiks: 10 minūtes
gatavošanas laiks: 30 minūtes
Porcijas: 5
Grūtības pakāpe: grūtības pakāpe

Sastāvdaļas:

- Neapstrādāta augstākā labuma olīveļļa - 1 ēd.k. vairāk papildu kalpošanai
- Pancetta - 2 unces, smalki sagriezta
- Sīpols - 1, smalki sagriezts
- Fenhelis - 1 sīpols, kāti izmesti, sīpols pārgriezts uz pusēm, serdes un smalki sagriezts
- Selerijas - 1 sasmalcināta ribiņa
- Ķiploki - 2 daiviņas, malti
- Anšovu filejas - 3, nomazgātas un sasmalcinātas
- sasmalcināts svaigs oregano - 1 ēd.k.
- Apelsīna miziņas - 2 tējk.
- Fenheļa sēklas - ½ tējk.
- Sarkano piparu pārslas - ¼ tējk.
- Kubiņos sagriezti tomāti - 1 kārba (28 unces)
- Parmezāna siers - 1 miziņa, plus vēl pasniegšanai
- Cannellini pupiņas - 1 (7 unces) kārbas, izskalotas
- Vistas buljons - 2 ½ glāzes
- Ūdens - 2 ½ glāzes

- Sāls un pipari
- Orzo - 1 glāze
- Sasmalcināti svaigi pētersīļi - ¼ glāzes

Instrukcijas:

Sildiet eļļu holandiešu krāsnī uz vidējas uguns. Pievienojiet pancetta. Cep 3 līdz 5 minūtes vai līdz sāk brūnēt. Pievienojiet seleriju, fenheli un sīpolu un apcepiet, līdz tie ir mīksti (apmēram 5 līdz 7 minūtes).

Iemaisa čili pārslas, fenheļa sēklas, apelsīna miziņu, oregano, anšovus un ķiplokus. Pagatavojiet 1 minūti. Pievienojiet tomātus un to sulu. Pievienojiet parmezāna mizu un pupiņas.

Pagatavojiet un vāriet 10 minūtes. Iemaisa ūdeni, buljonu un 1 tējk. sāls. Uz lielas uguns uzvāra. Pievienojiet makaronus un sautējiet līdz al dente.

Noņemiet no uguns un izmetiet parmezāna miziņu.

Pievienojiet pētersīļus un pēc garšas pievienojiet sāli un piparus. Ielejiet nedaudz olīveļļas un pārklājiet ar rīvētu parmezānu. Pasniedziet.

Uzturs (uz 100g): 502 kalorijas 8,8 g tauki 72,2 g ogļhidrāti 34,9 g olbaltumvielas 693 mg nātrija

spageti al citrons

Pagatavošanas laiks: 10 minūtes
gatavošanas laiks: 15 minūtes
Porcijas: 6
Grūtības līmenis: viegli

Sastāvdaļas:

- Ekstra neapstrādāta olīveļļa - ½ tase
- rīvēta citrona miziņa - 2 tējk.
- Citronu sula - 1/3 tase
- Ķiploki - 1 ķiploka daiviņa, malta
- Sāls un pipari
- Parmezāna siers - 2 unces, rīvēts
- Spageti - 1 mārciņa
- sasmalcināts svaigs baziliks - 6 ēd.k.

Instrukcijas:

Bļodā sakuļ ķiplokus, eļļu, citrona miziņu, sulu un ½ tējk. sāls un ¼ tējk. Pipari. Pievienojiet parmezānu un samaisiet līdz krēmīgai konsistencei.

Tikmēr pagatavojiet makaronus atbilstoši iepakojuma norādījumiem. Nolejiet un rezervējiet ½ tasi vārāmā ūdens. Pievienojiet eļļas un bazilika maisījumu nūdelēm un labi samaisiet. Labi pagatavojiet sezonu un pēc vajadzības pievienojiet vārīšanas ūdeni. Pasniedziet.

Uzturs (uz 100g): 398 kalorijas 20,7 g tauki 42,5 g ogļhidrāti 11,9 g olbaltumvielas 844 mg nātrija

Garšvielu dārzeņu kuskuss

Pagatavošanas laiks: 10 minūtes
gatavošanas laiks: 20 minūtes
Porcijas: 6
Grūtības līmenis: grūti

Sastāvdaļas:

- Ziedkāposti - 1 galva, sagriezta 1 collas ziediņos
- Neapstrādāta augstākā labuma olīveļļa - 6 ēd.k. vairāk papildu kalpošanai
- Sāls un pipari
- Kuskuss - 1 ½ tase
- Cukini - 1, sagriezti ½ collu gabaliņos
- Sarkanā paprika — 1, kāts, izsēj un sagriež ½ collas gabalos
- Ķiploki - 4 daiviņas, malti
- Ras el hanout - 2 tējkarotes
- rīvēta citrona miziņa - 1 tējk. plus citrona šķēles pasniegšanai
- Vistas buljons - 1 ¾ glāzes
- Sasmalcināts svaigs majorāns - 1 ēd.k.

Instrukcijas:

Pannā uzkarsē 2 ēd.k. eļļa uz vidējas uguns. Pievieno ziedkāpostus, ¾ tējk. sāls un ½ tējk. Pipari. Sajauc. Cepiet, līdz ziedi ir brūni un malas ir tikai caurspīdīgas.

Noņemiet vāku un maisot vāriet 10 minūtes vai līdz ziedi ir zeltaini brūni. Pārlejiet bļodā un notīriet pannu. Uzkarsē 2 ēd.k. eļļu pannā.

Pievienojiet kuskusu. Pagatavojiet un turpiniet maisīt 3 līdz 5 minūtes vai līdz pupiņas sāk brūnēt. Pārlejiet bļodā un notīriet pannu. Uzkarsē atlikušās 3 ēd.k. pannā ielejiet eļļu un pievienojiet papriku, cukini un ½ tējk. sāls. Pagatavojiet 8 minūtes.

Pievienojiet citrona miziņu, ras el hanout un ķiplokus. Vāra līdz smaržīgai (apmēram 30 sekundes). Liek buljonā un vāra. Pievienojiet kuskusu. Noņemiet no karstuma un nolieciet malā, līdz tas ir mīksts.

Pievieno majorānu un ziedkāpostu; pēc tam ar dakšiņu viegli saputojiet, lai iestrādātu. Apslaka ar papildus eļļu un kārtīgi pagaršo. Pasniedz ar citrona daiviņām.

Uzturs (uz 100g): 787 kalorijas 18,3 g tauki 129,6 g ogļhidrāti 24,5 g olbaltumvielas 699 mg nātrija

Cepti rīsi, kas garšoti ar fenheli

Pagatavošanas laiks: 10 minūtes
gatavošanas laiks: 45 minūtes
Porcijas: 8
Grūtības pakāpe: vidēja

Sastāvdaļas:

- Saldais kartupelis - 1,5 mārciņas, nomizoti un sagriezti 1 collas gabalos
- Ekstra neapstrādāta olīveļļa - ¼ tase
- Sāls un pipari
- Fenhelis - 1 spuldze, smalki sagriezta
- Neliels sīpols - 1, smalki sagriezts
- Gargraudu baltie rīsi - 1 ½ glāzes, izskaloti
- Ķiploki - 4 daiviņas, malti
- Ras el hanout - 2 tējkarotes
- Vistas buljons - 2 ¾ glāzes
- Sālījumā kaltētas zaļās olīvas bez kauliņiem - ¾ tase, pārgrieztas uz pusēm
- Sasmalcināts svaigs cilantro - 2 ēdamk.
- citrona šķēles

Instrukcijas:

Novietojiet cepeškrāsns plauktu vidū un uzkarsējiet cepeškrāsni līdz 400 F. Sajauc kartupeļus ar ½ tējk. sāls un 2 ēd.k. eļļa.

Novietojiet kartupeļus vienā kārtā uz cepešpannas ar malām un cepiet 25 līdz 30 minūtes vai līdz tie ir mīksti. Cepšanas pusceļā kartupeļus samaisiet.

Noņemiet kartupeļus un pazeminiet cepeškrāsns temperatūru līdz 350 F. Holandiešu krāsnī uzkarsē atlikušās 2 ēd.k. eļļa uz vidējas uguns.

Pievieno sīpolu un fenheli; pēc tam vāra 5 līdz 7 minūtes vai līdz mīksts. Iemaisa ras el hanout, ķiplokus un rīsus. Apcep 3 minūtes.

Pievienojiet olīvas un buljonu un ļaujiet nostāvēties 10 minūtes. Pievienojiet kartupeļus rīsiem un viegli samaisiet ar dakšiņu. Garšojiet ar sāli un pipariem pēc garšas. Dekorē ar cilantro un pasniedz ar citrona daiviņām.

Uzturs (uz 100g): 207 kalorijas 8,9 g tauki 29,4 g ogļhidrāti 3,9 g olbaltumvielas 711 mg nātrija

Marokas kuskuss ar aunazirņiem

Pagatavošanas laiks: 5 minūtes
gatavošanas laiks: 18 minūtes
Porcijas: 6
Grūtības pakāpe: vidēja

Sastāvdaļas:

- Īpaši neapstrādāta olīveļļa - ¼ tase, papildus pasniegšanai
- Kuskuss - 1 ½ tase
- Plāni burkāni, nomizoti un sasmalcināti - 2
- smalki sagriezts sīpols - 1
- Sāls un pipari
- Ķiploki - 3 daiviņas, malti
- Malts koriandrs - 1 tējk.
- Ingvera pulveris - tējk.
- Maltas anīsa sēklas - ¼ tējk.
- Vistas buljons - 1 ¾ glāzes
- Aunazirņi - 1 bundža (15 unces), izskaloti
- Saldēti zirņi - 1 ½ glāzes
- Sasmalcināti svaigi pētersīļi vai cilantro - ½ tase
- citrona šķēles

Instrukcijas:

Uzkarsē 2 ēd.k. eļļu pannā uz vidējas uguns. Samaisiet kuskusu un vāriet 3 līdz 5 minūtes vai līdz brīdim, kad tas sāk brūnēt. Pārlejiet bļodā un notīriet pannu.

Uzkarsē atlikušās 2 ēd.k. pannā ielej eļļu un pievieno sīpolus, burkānus un 1 tējk. sāls. Pagatavojiet 5 līdz 7 minūtes. Pievienojiet anīsu, ingveru, koriandru un ķiplokus. Vāra līdz smaržīgai (apmēram 30 sekundes).

Apvienojiet aunazirņus un buljonu un uzvāra. Iemaisa kuskusu un zirņus. Nosedziet un noņemiet no karstuma. Rezervē, līdz kuskuss ir mīksts.

Pievienojiet kuskusam pētersīļus un ar dakšiņu samaisiet. Apslaka ar nedaudz papildu eļļas un labi pagaršo. Pasniedz ar citrona daiviņām.

Uzturs (uz 100g): 649 kalorijas 14,2 g tauki 102,8 g ogļhidrāti 30,1 g olbaltumvielas 812 mg nātrija

Veģetārā paella ar zaļajām pupiņām un aunazirņiem

Pagatavošanas laiks: 10 minūtes
gatavošanas laiks: 35 minūtes
Porcijas: 4
Grūtības līmenis: viegli

Sastāvdaļas:

- šķipsniņa safrāna
- Dārzeņu buljons - 3 glāzes
- Olīveļļa - 1 ēd.k.
- Dzeltenais sīpols - 1 liels, sagriezts kubiņos
- Ķiploki - 4 daiviņas, sagrieztas
- Sarkanie paprika - 1, sagriezta
- Sasmalcināti tomāti - ¾ tase, svaigi vai konservēti
- Tomātu pasta - 2 ēd.k.
- karsts čili - 1 ½ tējk.
- Sāls - 1 tējk.
- Svaigi malti melnie pipari - ½ tējk.
- Zaļās pupiņas - 1 ½ glāzes, sagrieztas šķēlēs un uz pusēm
- Aunazirņi - 1 kārba (15 unces), nosusināti un noskaloti
- Īsgraudu baltie rīsi - 1 glāze
- Citrons - 1, sagriezts

Instrukcijas:

Safrāna pavedienus sajauc ar 3 ēd.k. silts ūdens nelielā bļodā.

Pannā uz vidējas uguns uzvāra ūdeni. Samazina uguni un uzvāra.

Cepiet eļļu pannā uz vidējas uguns. Pievienojiet sīpolu un apcepiet 5 minūtes. Pievienojiet papriku un ķiplokus un maisot apcepiet 7 minūtes vai līdz pipari mīkstina. Pievienojiet kurkuma un ūdens maisījumu, sāli, piparus, papriku, tomātu pastu un tomātus.

Pievienojiet rīsus, aunazirņus un zaļās pupiņas. Pievieno karstu buljonu un uzvāra. Samaziniet uguni un vāriet bez vāka 20 minūtes.

Pasniedz karstu, dekorētu ar citrona šķēlītēm.

Uzturs (uz 100g): 709 kalorijas 12 g tauki 121 g ogļhidrāti 33 g olbaltumvielas 633 mg nātrija

Ķiploku garneles ar tomātiem un baziliku

Pagatavošanas laiks: 10 minūtes
gatavošanas laiks: 10 minūtes
Porcijas: 4
Grūtības līmenis: viegli

Sastāvdaļas:

- Olīveļļa - 2 ēd.k.
- Garneles - 1 ¼ mārciņas, nomizotas un izsētas
- Ķiploki - 3 daiviņas, malti
- Sarkano piparu pārslas - 1/8 tējk.
- Sausais baltvīns - ¾ tase
- Vīnogu tomāti - 1 ½ glāzes
- Smalki sagriezts svaigs baziliks - ¼ glāzes, un vēl vairāk dekorēšanai
- Sāls - ¾ tējk.
- Malti melnie pipari - ½ tējk.

Instrukcijas:

Pannā uz vidēji augstas uguns sakarsē eļļu. Pievienojiet garneles un vāriet 1 minūti vai līdz tās ir gatavas. Pārnes uz šķīvi.

Pannā esošajā eļļā ievietojiet sarkano piparu pārslas un ķiplokus un maisot vāriet 30 sekundes. Pievienojiet vīnu un vāriet, līdz tas samazinās uz pusi.

Pievienojiet tomātus un maisot apcepiet, līdz tomāti sāk sadalīties (apmēram 3 līdz 4 minūtes). Pievienojiet rezervētās garneles, sāli, piparus un baziliku. Pagatavojiet vēl 1 līdz 2 minūtes.

Pasniedz, dekorējot ar atlikušo baziliku.

Uzturs (uz 100g): 282 kalorijas 10 g tauki 7 g ogļhidrāti 33 g olbaltumvielas 593 mg nātrija

garneļu paella

Pagatavošanas laiks: 10 minūtes
gatavošanas laiks: 25 minūtes
Porcijas: 4
Grūtības pakāpe: vidēja

Sastāvdaļas:

- Olīveļļa - 2 ēd.k.
- Vidējs sīpols - 1, kubiņos
- Sarkanie paprika - 1, sagriezta
- Ķiploki - 3 daiviņas, malti
- šķipsniņa safrāna
- Karstie čili - ¼ tējk.
- Sāls - 1 tējk.
- Svaigi malti melnie pipari - ½ tējk.
- Vistas buljons - 3 tases, sadalīts
- Īsgraudu baltie rīsi - 1 glāze
- Lielas garneles, nomizotas un nokasītas - 1 mārciņa
- Saldēti zirņi - 1 glāze, atkausēti

Instrukcijas:

Uzkarsē eļļu pannā. Pievienojiet sīpolus un papriku un apcepiet 6 minūtes vai līdz mīksts. Pievienojiet sāli, piparus, papriku, kurkumu un ķiplokus un samaisiet. Iemaisa 2½ tases buljona un rīsus.

Uzkarsē maisījumu līdz vārīšanās temperatūrai un vāra, līdz rīsi ir gatavi, apmēram 12 minūtes. Novietojiet garneles un zirņus virs rīsiem un pievienojiet atlikušo ½ tasi buljona.

Pārklājiet pannu un vāriet, līdz visas garneles ir gatavas (apmēram 5 minūtes). Pasniedziet.

Uzturs (uz 100g): 409 kalorijas 10 g tauki 51 g ogļhidrāti 25 g olbaltumvielas 693 mg nātrija

Lēcu salāti ar olīvām, piparmētru un fetas sieru

Pagatavošanas laiks: 60 minūtes
gatavošanas laiks: 60 minūtes
Porcijas: 6
Grūtības pakāpe: vidēja

Sastāvdaļas:

- Sāls un pipari
- Franču lēcas - 1 glāze, šķirota un izskalota
- Ķiploki - 5 daiviņas, viegli saberztas un nomizotas
- Lauru lapa - 1
- Neapstrādāta augstākā labuma olīveļļa - 5 ēd.k.
- Baltvīna etiķis - 3 ēd.k.
- Kalamata olīvas bez kauliņiem - ½ tase, sasmalcinātas
- Sasmalcinātas svaigas piparmētras - ½ tase
- Šalotes - 1 liels, sasmalcināts
- Fetas siers - 1 unce, drupināts

Instrukcijas:

Pievienojiet 4 tases silta ūdens un 1 tējk. sāls bļodā. Pievieno lēcas un mērcē istabas temperatūrā 1 stundu. Labi izžāvē.

Novietojiet cepeškrāsns plauktu vidū un uzkarsējiet cepeškrāsni līdz 325 F. Apvienojiet lēcas, 4 tases ūdens, ķiplokus, lauru lapu un

½ tējk. sāls pannā. Pārklājiet un ievietojiet pannu cepeškrāsnī un vāriet 40 līdz 60 minūtes vai līdz lēcas ir mīkstas.

Lēcas labi notecina, izmetot ķiplokus un lauru lapu. Lielā bļodā sajauc eļļu un etiķi. Pievienojiet šalotes, piparmētras, olīvas un lēcas un labi samaisiet.

Garšojiet ar sāli un pipariem pēc garšas. Kārtīgi liek uz šķīvja un dekorē ar fetas sieru. Pasniedziet.

Uzturs (uz 100g): 249 kalorijas 14,3 g tauki 22,1 g ogļhidrāti 9,5 g olbaltumvielas 885 mg nātrija

Aunazirņi ar ķiplokiem un pētersīļiem

Pagatavošanas laiks: 5 minūtes
gatavošanas laiks: 20 minūtes
Porcijas: 6
Grūtības pakāpe: vidēja

Sastāvdaļas:

- Ekstra neapstrādāta olīveļļa - ¼ tase
- Ķiploki - 4 daiviņas, plānās šķēlītēs
- Sarkano piparu pārslas - 1/8 tējk.
- Sīpols - 1, sasmalcināts
- Sāls un pipari
- Aunazirņi - 2 kārbas (15 unces), izskaloti
- Vistas buljons - 1 glāze
- sasmalcināti svaigi pētersīļi - 2 ēdamk.
- Citronu sula - 2 tējk.

Instrukcijas:

Cepamajā pannā pievieno 3 ēd.k. olīveļļu un apcep ķiploku un čili pārslas 3 minūtes. Iemaisa sīpolu un ¼ tējk. sāli un vāra 5-7 minūtes.

Iemaisa aunazirņus un buljonu un uzvāra. Samaziniet uguni un vāriet uz lēnas uguns 7 minūtes, zem vāka.

Atklājiet un noregulējiet siltumu uz augstu un vāriet 3 minūtes vai līdz viss šķidrums ir iztvaikojis. Rezervē un iemaisa citrona sulu un pētersīļus.

Garšojiet ar sāli un pipariem pēc garšas. Pārlej ar 1 ēd.k. olīveļļu un pasniedz.

Uzturs (uz 100g): 611 kalorijas 17,6 g tauki 89,5 g ogļhidrāti 28,7 g olbaltumvielas 789 mg nātrija

Sautēti aunazirņi ar baklažāniem un tomātiem

Pagatavošanas laiks: 10 minūtes
gatavošanas laiks: 60 minūtes
Porcijas: 6
Grūtības līmenis: viegli

Sastāvdaļas:

- Ekstra neapstrādāta olīveļļa - ¼ tase
- Sīpoli - 2, sasmalcināti
- Zaļie pipari - 1, smalki sagriezti
- Sāls un pipari
- Ķiploki - 3 daiviņas, malti
- sasmalcināts svaigs oregano - 1 ēd.k.
- Lauru lapas - 2
- Baklažāni - 1 mārciņa, sagriezti 1 collu gabaliņos
- Veseli nomizoti tomāti - 1 kārba, notecināta ar rezervētu sulu, sasmalcināta
- Aunazirņi - 2 kārbas (15 unces), notecinātas ar 1 glāzi rezervēta šķidruma

Instrukcijas:

Novietojiet cepeškrāsns plauktu apakšējā centrā un uzkarsējiet cepeškrāsni līdz 400 F. Sildiet eļļu holandiešu krāsnī. Pievienojiet papriku, sīpolu un ½ tējk. sāls un ¼ tējk. Pipari. Apcep 5 minūtes.

Pievieno 1 tējk. oregano, ķiplokus un lauru lapas un vāra 30 sekundes. Pievienojiet tomātus, baklažānus, rezervēto sulu, aunazirņus un rezervēto šķidrumu un uzvāra. Pārvietojiet pannu cepeškrāsnī un vāriet bez vāka 45 līdz 60 minūtes. Divreiz sajaucot.

Izmetiet lauru lapas. Iemaisa atlikušās 2 tējk. oregano un pievieno sāli un piparus. Pasniedziet.

Uzturs (uz 100g): 642 kalorijas 17,3 g tauki 93,8 g ogļhidrāti 29,3 g olbaltumvielas 983 mg nātrija

Grieķu rīsi ar citronu

Pagatavošanas laiks: 20 minūtes
gatavošanas laiks: 45 minūtes
Porcijas: 6
Grūtības pakāpe: vidēja

Sastāvdaļas:

- Gargraudu rīsi - 2 glāzes, termiski neapstrādāti (20 minūtes mērcēti aukstā ūdenī, pēc tam notecināti)
- Neapstrādāta augstākā labuma olīveļļa - 3 ēd.k.
- Dzeltenais sīpols - 1 vidējs, sasmalcināts
- Ķiploki - 1 daiviņa, malta
- Orzo makaroni - ½ tase
- 2 citronu sula un 1 citrona miziņa
- Buljons ar zemu nātrija saturu - 2 tases
- šķipsna sāls
- Sasmalcināti pētersīļi - 1 liela sauja
- Diļļu nezāle - 1 tējk.

Instrukcijas:

Pannā uzkarsē 3 ēd.k. Nerafinēta olīveļļa. Pievienojiet sīpolu un apcepiet 3 līdz 4 minūtes. Pievienojiet orzo makaronus un ķiplokus un samaisiet, lai tie apvienotos.

Pēc tam iemaisa rīsus, lai tie pārklātu. Pievieno buljonu un citrona sulu. Ļaujiet tai vārīties un samaziniet siltumu. Uzliek vāku un vāra apmēram 20 minūtes.

Noņem no uguns. Nosedziet un nolieciet malā 10 minūtes. Atklājiet un iemaisiet citrona miziņu, diļļu nezāles un pētersīļus. Pasniedziet.

Uzturs (uz 100g): 145 kalorijas 6,9 g tauki 18,3 g ogļhidrāti 3,3 g olbaltumvielas 893 mg nātrija

Rīsi ar ķiplokiem un zaļumiem

Pagatavošanas laiks: 10 minūtes
gatavošanas laiks: 30 minūtes
Porcijas: 4
Grūtības līmenis: viegli

Sastāvdaļas:

- Īpaši neapstrādāta olīveļļa - ½ tase, sadalīta
- Lielas ķiploka daiviņas - 5, maltas
- Brūnie jasmīna rīsi - 2 tases
- Ūdens - 4 glāzes
- Jūras sāls - 1 tējk.
- Melnie pipari - 1 tējk.
- Sasmalcināti svaigi maurloki - 3 ēd.k.
- sasmalcināti svaigi pētersīļi - 2 ēdamk.
- Sasmalcināts svaigs baziliks - 1 ēd.k.

Instrukcijas:

Pannā pievienojiet ¼ glāzes olīveļļas, ķiplokus un rīsus. Samaisa un karsē uz vidējas uguns. Pievienojiet ūdeni, jūras sāli un melnos piparus. Pēc tam vēlreiz samaisa.

Ļaujiet tai vārīties un samaziniet siltumu. Vāra uz lēnas uguns, bez vāka, laiku pa laikam apmaisot.

Kad ūdens ir gandrīz uzsūcis, sajauciet atlikušo ¼ tasi olīveļļas ar baziliku, pētersīļiem un maurlokiem.

Maisa, līdz ir iestrādāti garšaugi un uzsūcas viss ūdens.

Uzturs (uz 100g): 304 kalorijas 25,8 g tauki 19,3 g ogļhidrāti 2 g olbaltumvielas 874 mg nātrija

Vidusjūras rīsu salāti

Pagatavošanas laiks: 10 minūtes
gatavošanas laiks: 25 minūtes
Porcijas: 4
Grūtības pakāpe: vidēja

Sastāvdaļas:

- Neapstrādāta augstākā labuma olīveļļa - ½ tase, sadalīta
- Gargraudu brūnie rīsi - 1 glāze
- Ūdens - 2 tases
- Svaiga citronu sula - ¼ tase
- Ķiploka daiviņa - 1, malta
- Sasmalcināts svaigs rozmarīns - 1 tējk.
- Sasmalcinātas svaigas piparmētras - 1 tējk.
- Beļģijas endīvijas - 3, sasmalcinātas
- Sarkanā paprika - 1 vidēja, sasmalcināta
- Siltumnīcas gurķis - 1, sasmalcināts
- Sasmalcināts vesels zaļais sīpols - ½ tase
- Sasmalcinātas Kalamata olīvas - ½ tase
- Sarkano piparu pārslas - ¼ tējk.
- Sasmalcināts fetas siers - ¾ tase
- Jūras sāls un melnie pipari

Instrukcijas:

Pannā uz lēnas uguns uzkarsē ¼ glāzes olīveļļas, rīsus un šķipsniņu sāls. Samaisiet, lai pārklātu rīsus. Pievienojiet ūdeni un vāriet, līdz ūdens uzsūcas. Ik pa laikam apmaisot. Ielejiet rīsus lielā bļodā un ļaujiet atdzist.

Citā bļodā samaisiet atlikušo ¼ glāzes olīveļļas, sarkano piparu pārslas, olīvas, lociņus, gurķi, papriku, endīviju, piparmētru, rozmarīnu, ķiplokus un citronu sulu.

Ielieciet rīsus maisījumā un labi samaisiet. Viegli iemaisa fetas sieru.

Nogaršojiet un pielāgojiet garšvielas. Pasniedziet.

Uzturs (uz 100g): 415 kalorijas 34 g tauki 28,3 g ogļhidrāti 7 g olbaltumvielas 4755 mg nātrija

Svaigu pupiņu un tunča salāti

Pagatavošanas laiks: 5 minūtes
gatavošanas laiks: 20 minūtes
Porcijas: 6
Grūtības līmenis: viegli

Sastāvdaļas:

- Svaigas pupiņas čaumalā (bez čaumalas) - 2 tases
- Lauru lapas - 2
- Neapstrādāta augstākā labuma olīveļļa - 3 ēd.k.
- Sarkanvīna etiķis - 1 ēd.k.
- sāls un melnie pipari
- Labākās kvalitātes tunzivis - 1 kanna (6 unces), iepakota olīveļļā
- Sālīti kaperi - 1 ēd.k. slapjš un sauss
- smalki sagriezti plakanu lapu pētersīļi - 2 ēd.k.
- Sarkanais sīpols - 1, sagriezts

Instrukcijas:

Pannā uzvāra viegli sālītu ūdeni. Pievieno pupiņas un lauru lapas; pēc tam vāra 15 līdz 20 minūtes vai līdz pupiņas ir mīkstas, bet vēl stingras. Nokāš, izmet aromātiskos un pārliek bļodā.

Nekavējoties garšojiet pupiņas ar etiķi un eļļu. Pievieno sāli un melnos piparus. Labi samaisiet un pielāgojiet garšvielas. Nokāš tunci un izklāj tunča mīkstumu uz pupiņu salātiem. Pievieno pētersīļus un kaperus. Samaisa un pa virsu izklāj sarkano sīpolu šķēles. Pasniedziet.

Uzturs (uz 100g): 85 kalorijas 7,1 g tauki 4,7 g ogļhidrāti 1,8 g olbaltumvielas 863 mg nātrija

Gardas vistas nūdeles

Pagatavošanas laiks: 10 minūtes
gatavošanas laiks: 17 minūtes
Porcijas: 4
Grūtības līmenis: viegli

Sastāvdaļas:

- 3 vistas krūtiņas bez ādas, bez kauliem, sagrieztas gabaliņos
- 9 unces pilngraudu makaronu
- 1/2 tase olīvu, sagrieztas
- 1/2 tase saulē kaltētu tomātu
- 1 ēdamkarote grauzdētu sarkano papriku, maltu
- 14 unces kubiņos sagrieztu tomātu
- 2 glāzes marinara mērces
- 1 glāze vistas buljona
- Pipari
- sāls

Instrukcijas:

Sajauc visas sastāvdaļas, izņemot pilngraudu makaronus, Instant Pot.

Aizveriet vāku un vāriet uz lielas uguns 12 minūtes.

Kad tas ir izdarīts, ļaujiet spiedienam dabiski atbrīvoties. Noņemiet vāciņu.

Pievienojiet makaronus un labi samaisiet. Aizveriet katlu un izvēlieties manuālo un iestatiet taimeri uz 5 minūtēm.

Kad esat pabeidzis, atlaidiet spiedienu uz 5 minūtēm, pēc tam atlaidiet atlikušo daļu, izmantojot ātro atbrīvošanu. Noņemiet vāciņu. Kārtīgi samaisiet un pasniedziet.

Uzturs (uz 100g):615 kalorijas 15,4 g tauki 71 g ogļhidrāti 48 g olbaltumvielas 631 mg nātrija

Garšas Taco rīsu bļoda

Pagatavošanas laiks: 10 minūtes
gatavošanas laiks: 14 minūtes
Porcijas: 8
Grūtības pakāpe: vidēja

Sastāvdaļas:

- 1 kilograms maltas liellopa gaļas
- 8 unces sasmalcināta Čedaras siera
- 14 unces sarkanās pupiņas
- 2 unces tako garšvielas
- 16 unces mērces
- 2 tases ūdens
- 2 tases brūno rīsu
- Pipari
- sāls

Instrukcijas:

Iestatiet tūlītējo katliņu sautēšanas režīmā.

Pievienojiet gaļu pannā un sautējiet, līdz tā kļūst brūna.

Pievienojiet ūdeni, pupiņas, rīsus, taco garšvielas, piparus un sāli un labi samaisiet.

Pārklāj ar mērci. Aizveriet vāku un vāriet uz lielas uguns 14 minūtes.

Kad tas ir izdarīts, atlaidiet spiedienu, izmantojot ātro atbrīvošanu. Noņemiet vāciņu.

Iemaisa Čedaras sieru un maisa, līdz siers izkusis.

Pasniedziet un izbaudiet.

Uzturs (uz 100g): 464 kalorijas 15,3 g tauki 48,9 g ogļhidrāti 32,2 g olbaltumvielas 612 mg nātrija

Mac un siera garšīgs

Pagatavošanas laiks: 10 minūtes
gatavošanas laiks: 10 minūtes
Porcijas: 6
Grūtības līmenis: viegli

Sastāvdaļas:

- 16 unces pilngraudu elkoņu makaroni
- 4 tases ūdens
- 1 glāze var tomātu, sasmalcinātu
- 1 tējkarote malta ķiploka
- 2 ēdamkarotes olīveļļas
- 1/4 tase sasmalcinātu zaļo sīpolu
- 1/2 tase rīvēta parmezāna siera
- 1/2 tase mocarellas siera, rīvēts
- 1 glāze sasmalcināta Čedaras siera
- 1/4 tase pastas
- 1 glāze nesaldināta mandeļu piena
- 1 glāze marinētu artišoku, kubiņos
- 1/2 tase saulē kaltētu tomātu, sagrieztu šķēlēs
- 1/2 tase olīvu, sagrieztas
- 1 tējkarote sāls

Instrukcijas:

Pievienojiet makaronus, ūdeni, tomātus, ķiplokus, eļļu un sāli Instant Pot un labi samaisiet. Nosedziet vāku un vāriet uz lielas uguns.

Kad tas ir izdarīts, atlaidiet spiedienu uz dažām minūtēm, pēc tam atlaidiet pārējo, izmantojot ātru skalošanu. Noņemiet vāciņu.

Ielieciet pannu sautēšanas režīmā. Pievienojiet zaļo sīpolu, parmezāna sieru, mocarellas sieru, Čedaras sieru, passatu, mandeļu pienu, artišoku, saulē kaltētus tomātus un olīvas. Kārtīgi samaisa.

Kārtīgi samaisiet un vāriet, līdz siers izkūst.

Pasniedziet un izbaudiet.

Uzturs (uz 100g): 519 kalorijas 17,1 g tauki 66,5 g ogļhidrāti 25 g olbaltumvielas 588 mg nātrija

Rīsi ar gurķi un olīvām

Pagatavošanas laiks: 10 minūtes
gatavošanas laiks: 10 minūtes
Porcijas: 8
Grūtības pakāpe: vidēja

Sastāvdaļas:

- 2 glāzes rīsu, noskaloti
- 1/2 tase olīvu bez kauliņiem
- 1 glāze sasmalcināta gurķa
- 1 ēdamkarote sarkanvīna etiķa
- 1 tējkarote citrona miziņa, sarīvēta
- 1 ēdamkarote svaigas citronu sulas
- 2 ēdamkarotes olīveļļas
- 2 glāzes dārzeņu buljona
- 1/2 tējkarotes žāvēta oregano
- 1 sasmalcināts sarkanais pipars
- 1/2 tase sasmalcinātu sīpolu
- 1 ēdamkarote olīveļļas
- Pipari
- sāls

Instrukcijas:

Pievienojiet eļļu Instant Pot iekšējā katlā un iestatiet katlu sautēšanas režīmā. Pievienojiet sīpolu un sautējiet 3 minūtes. Pievienojiet papriku un oregano un sautējiet 1 minūti.

Pievienojiet rīsus un buljonu un labi samaisiet. Aizveriet vāku un vāriet uz lielas uguns 6 minūtes. Kad tas ir izdarīts, ļaujiet spiedienam samazināties 10 minūtes, pēc tam atlaidiet atlikušo daļu, izmantojot ātro atbrīvošanu. Noņemiet vāciņu.

Pievienojiet pārējās sastāvdaļas un labi samaisiet, lai sajauktos. Pasniedziet uzreiz un izbaudiet.

Uzturs (uz 100g): 229 kalorijas 5,1 g tauki 40,2 g ogļhidrāti 4,9 g olbaltumvielas 210 mg nātrija

Garšaugu risoto garšas

Pagatavošanas laiks: 10 minūtes
gatavošanas laiks: 15 minūtes
Porcijas: 4
Grūtības pakāpe: vidēja

Sastāvdaļas:

- 2 tases rīsu
- 2 ēdamkarotes rīvēta parmezāna siera
- 3,5 oz skābā krējuma
- 1 ēdamkarote svaiga oregano, sasmalcināta
- 1 ēdamkarote svaiga bazilika, sasmalcināta
- 1/2 ēdamkarotes salvijas, sasmalcinātas
- 1 sasmalcināts sīpols
- 2 ēdamkarotes olīveļļas
- 1 tējkarote malta ķiploka
- 4 glāzes dārzeņu buljona
- Pipari
- sāls

Instrukcijas:

Pievienojiet eļļu Instant Pot iekšējam katlam un noklikšķiniet uz katla sautēšanas režīmā. Pievienojiet ķiplokus un sīpolus Instant Pot iekšējā katlā un nospiediet pannu, lai sautētu. Pievienojiet ķiplokus un sīpolus un sautējiet 2-3 minūtes.

Pievienojiet pārējās sastāvdaļas, izņemot parmezāna sieru un krējumu, un labi samaisiet. Aizveriet vāku un vāriet uz lielas uguns 12 minūtes.

Kad tas ir izdarīts, atlaidiet spiedienu uz 10 minūtēm, pēc tam atlaidiet pārējo, izmantojot ātro atbrīvošanu. Noņemiet vāciņu. Iemaisa krējumu un sieru un pasniedz.

Uzturs (uz 100g): 514 kalorijas 17,6 g tauki 79,4 g ogļhidrāti 8,8 g olbaltumvielas 488 mg nātrija

garšīgi pavasara makaroni

Pagatavošanas laiks: 10 minūtes
gatavošanas laiks: 4 minūtes
Porcijas: 4
Grūtības līmenis: viegli

Sastāvdaļas:

- 8 unces pilngraudu penne makaroni
- 1 ēdamkarote svaigas citronu sulas
- 2 ēdamkarotes svaigu pētersīļu, maltu
- 1/4 tase sasmalcinātu mandeļu
- 1/4 tase rīvēta parmezāna siera
- 14 unces kubiņos sagrieztu tomātu
- 1/2 tase plūmju
- 1/2 tase sasmalcinātu cukini
- 1/2 tase sparģeļu
- 1/2 tase sasmalcinātu burkānu
- 1/2 tase sasmalcinātu brokoļu
- 1 3/4 glāzes dārzeņu buljona
- Pipari
- sāls

Instrukcijas:

Pievienojiet Instant Pot buljonu, parsas, tomātus, žāvētas plūmes, cukini, sparģeļus, burkānus un brokoļus un labi samaisiet.

Aizveriet un vāriet uz lielas uguns 4 minūtes. Kad tas ir izdarīts, atlaidiet spiedienu, izmantojot ātro atbrīvošanu. Noņemiet vāciņu. Pārējās sastāvdaļas labi samaisa un pasniedz.

Uzturs (uz 100g): 303 kalorijas 2,6 g tauki 63,5 g ogļhidrāti 12,8 g olbaltumvielas 918 mg nātrija

Grauzdēti piparu makaroni

Pagatavošanas laiks: 10 minūtes
gatavošanas laiks: 13 minūtes
Porcijas: 6
Grūtības pakāpe: vidēja

Sastāvdaļas:

- 1 mārciņa pilngraudu penne makaronu
- 1 ēdamkarote itāļu garšvielu
- 4 glāzes dārzeņu buljona
- 1 ēdamkarote malta ķiploka
- 1/2 sasmalcinātu sīpolu
- Grauzdēti sarkanie pipari 14 unces burkā
- 1 glāze fetas siera, sadrupināts
- 1 ēdamkarote olīveļļas
- Pipari
- sāls

Instrukcijas:

Pievienojiet grauzdētos piparus blenderī un sablenderējiet līdz gludai. Pievienojiet eļļu Instant Pot iekšējā katlā un novietojiet burku uz sautēšanas režīmu. Pievienojiet ķiplokus un sīpolus Instant Pot iekšējā krūzē un ļaujiet tai pagatavot. Pievienojiet ķiplokus un sīpolus un sautējiet 2-3 minūtes.

Pievienojiet grauzdētus piparus un sautējiet 2 minūtes.

Pievienojiet pārējās sastāvdaļas, izņemot fetas sieru, un labi samaisiet. Labi noslēdz un vāra uz lielas uguns 8 minūtes. Kad esat pabeidzis, atlaidiet spiedienu dabiski 5 minūtes un pēc tam atlaidiet pārējo, izmantojot ātrās atbrīvošanas pogu. Noņemiet vāciņu. Pārkaisa ar fetas sieru un pasniedz.

Uzturs (uz 100g): 459 kalorijas 10,6 g tauki 68,1 g ogļhidrāti 21,3 g olbaltumvielas 724 mg nātrija

Siers ar baziliku un tomātu rīsiem

Pagatavošanas laiks: 10 minūtes
gatavošanas laiks: 26 minūtes
Porcijas: 8
Grūtības pakāpe: vidēja

Sastāvdaļas:

- 1 1/2 glāzes brūnie rīsi
- 1 glāze rīvēta parmezāna siera
- 1/4 tase sasmalcināta svaiga bazilika
- 2 glāzes vīnogu tomātu, pārgriezti uz pusēm
- 8 unces tomātu mērces
- 1 3/4 tase dārzeņu buljona
- 1 ēdamkarote malta ķiploka
- 1/2 tase sasmalcinātu sīpolu
- 1 ēdamkarote olīveļļas
- Pipari
- sāls

Instrukcijas:

Pievienojiet eļļu Instant Pot iekšējā bļodā un izvēlieties sautēšanas pannu. Ievietojiet ķiplokus un sīpolus Instant Pot iekšējā katlā un ļaujiet sautēties. Sajauc ķiplokus un sīpolus un sautē 4 minūtes. Pievienojiet rīsus, tomātu mērci, buljonu, piparus un sāli un labi samaisiet.

Noslēdz un vāra uz lielas uguns 22 minūtes.

Kad tas ir izdarīts, ļaujiet viņam atbrīvot spiedienu 10 minūtes un pēc tam atlaidiet pārējo, izmantojot ātro atbrīvošanu. Noņemiet vāciņu. Pievienojiet atlikušās sastāvdaļas un samaisiet. Pasniedziet un izbaudiet.

Uzturs (uz 100g): 208 kalorijas 5,6 g tauki 32,1 g ogļhidrāti 8,3 g olbaltumvielas 863 mg nātrija

mac & siers

Pagatavošanas laiks: 10 minūtes
gatavošanas laiks: 4 minūtes
Porcijas: 8
Grūtības līmenis: viegli

Sastāvdaļas:

- 1 mārciņa pilngraudu makaronu
- 1/2 tase rīvēta parmezāna siera
- 4 glāzes sasmalcināta Čedaras siera
- 1 glāze piena
- 1/4 tējkarotes ķiploku pulvera
- 1/2 tējkarotes maltu sinepju
- 2 ēdamkarotes olīveļļas
- 4 tases ūdens
- Pipari
- sāls

Instrukcijas:

Instant Pot pievienojiet makaronus, ķiploku pulveri, sinepes, eļļu, ūdeni, piparus un sāli. Labi noslēdz un vāra uz lielas uguns 4 minūtes. Kad esat pabeidzis, atlaidiet spiedienu, izmantojot ātro atbrīvošanu. Atveriet vāku. Pievienojiet pārējās sastāvdaļas, labi samaisiet un pasniedziet.

Uzturs (uz 100g): 509 kalorijas 25,7 g tauki 43,8 g ogļhidrāti 27,3 g olbaltumvielas 766 mg nātrija

tunča makaroni

Pagatavošanas laiks: 10 minūtes
gatavošanas laiks: 8 minūtes
Porcijas: 6
Grūtības pakāpe: vidēja

Sastāvdaļas:

- 10 unces tunča, nosusināta
- 15 unces pilngraudu rotini makaroni
- 4 unces mocarellas siera, kubiņos
- 1/2 tase rīvēta parmezāna siera
- 1 tējkarote žāvēta bazilika
- 14 unces tomātu konservu
- 4 glāzes dārzeņu buljona
- 1 ēdamkarote malta ķiploka
- 8 unces sēņu, sagrieztas
- 2 sagriezti cukini
- 1 sasmalcināts sīpols
- 2 ēdamkarotes olīveļļas
- Pipari
- sāls

Instrukcijas:

Ielejiet eļļu Instant Pot iekšējā katlā un nospiediet katlu, lai sautētu. Pievienojiet sēnes, cukini un sīpolu un sautējiet, līdz sīpols kļūst mīksts. Pievieno ķiplokus un sautē minūti.

Pievienojiet makaronus, baziliku, tunci, tomātu un buljonu un labi samaisiet. Noslēdz un vāra uz lielas uguns 4 minūtes. Kad esat pabeidzis, atlaidiet spiedienu uz 5 minūtēm un pēc tam atlaidiet atlikušo daļu, izmantojot ātro atbrīvošanu. Noņemiet vāciņu. Pievienojiet pārējās sastāvdaļas, labi samaisiet un pasniedziet.

Uzturs (uz 100g): 346 kalorijas 11,9 g tauki 31,3 g ogļhidrāti 6,3 g olbaltumvielas 830 mg nātrija

Avokado un Turcijas Panini maisījums

Pagatavošanas laiks: 5 minūtes
gatavošanas laiks: 8 minūtes
Porcijas: 2
Grūtības līmenis: viegli

Sastāvdaļas:

- 2 sarkanie pipari, grauzdēti un sagriezti sloksnēs
- ¼ mārciņas plānās šķēlītēs sagriezta meskīta kūpināta tītara krūtiņa
- 1 glāze svaigu spinātu lapu, sadalīta
- 2 šķēles provolone siera
- 1 ēdamkarote olīveļļas, sadalīta
- 2 ciabatta rullīši
- ¼ glāzes majonēzes
- ½ nogatavojušos avokado

Instrukcijas:

Bļodā labi samaisa majonēzi un avokado. Pēc tam uzkarsē Panini presi.

Maizītes pārgriež uz pusēm un bulciņas iekšpusi iesmērē ar olīveļļu. Pēc tam piepildiet ar pildījumu, izklājot slāņos: provolonu, tītara krūtiņu, grauzdētus papriku, spinātu lapas un izklājiet avokado maisījumu un pārklājiet ar otru maizes šķēli.

Ievietojiet sviestmaizi Panini presē un grilējiet 5 līdz 8 minūtes, līdz siers ir izkusis un maize ir kraukšķīga un kraukšķīga.

Uzturs (uz 100g):546 kalorijas 34,8 g tauki 31,9 g ogļhidrāti 27,8 g olbaltumvielas 582 mg nātrija

Gurķu, vistas un mango iesaiņojums

Pagatavošanas laiks: 5 minūtes
gatavošanas laiks: 20 minūtes
Porcijas: 1
Grūtības līmenis: grūti

Sastāvdaļas:

- ½ no vidēja gareniski sagriezta gurķa
- ½ nogatavojušos mango
- 1 ēdamkarote salātu mērces pēc izvēles
- 1 pilngraudu tortiljas iesaiņojums
- Vistas krūtiņas šķēle 2,5 cm bieza un apmēram 15 cm gara
- 2 ēdamkarotes eļļas cepšanai
- 2 ēdamkarotes pilngraudu miltu
- 2 līdz 4 salātu lapas
- Sāls un pipari pēc garšas

Instrukcijas:

Sagrieziet vistas krūtiņu 1 collas sloksnēs un kopā pagatavojiet tikai 6 collu sloksnes. Tas būtu kā divas vistas sloksnes. Uzglabājiet atlikušo vistu turpmākai lietošanai.

Garšojiet vistu ar pipariem un sāli. Ieberiet pilngraudu miltos.

Uz vidējas uguns ielieciet nelielu, nepiedegošu pannu un uzkarsējiet eļļu. Kad eļļa ir karsta, pievienojiet vistas sloksnes un apcepiet līdz zeltaini brūnai apmēram 5 minūtes no katras puses.

Kamēr vistas gaļa gatavo, ievietojiet tortilju aptinumus cepeškrāsnī un pagatavojiet 3 līdz 5 minūtes. Pēc tam rezervējiet un pārnesiet uz šķīvi.

Sagrieziet gurķi gareniski, izmantojiet tikai ½ un saglabājiet atlikušo gurķi. Nomizojiet ceturtdaļās sagrieztu gurķi un izņemiet gurķi. Ievietojiet abas gurķu šķēles tortiljas iesaiņojumā 1 collu no malas.

Sagrieziet mango un saglabājiet otru pusi ar sēklām. Mango bez kauliņiem nomizo, sagrież strēmelītēs un liek virsū gurķim tortiljas iesaiņojumā.

Kad vista ir izcepusies, liekam vistu pēc kārtas blakus gurķim.

Pievienojiet gurķa lapu un pārlejiet ar salātu mērci pēc jūsu izvēles.

Sarullējiet tortilju, pasniedziet un baudiet.

Uzturs (uz 100g): 434 kalorijas 10 g tauki 65 g ogļhidrāti 21 g olbaltumvielas 691 mg nātrija

Fattoush - Tuvo Austrumu maize

Pagatavošanas laiks: 10 minūtes
gatavošanas laiks: 15 minūtes
Porcijas: 6
Grūtības līmenis: grūti

Sastāvdaļas:

- 2 pitas maizes
- 1 ēdamkarote extra virgin olīveļļas
- 1/2 tējkarotes etiķkoka, vairāk vēlākam laikam
- Sāls un pipari
- 1 romiešu salātu sirds
- 1 angļu gurķis
- 5 romu tomāti
- 5 zaļie sīpoli
- 5 redīsi
- 2 glāzes sasmalcinātu svaigu pētersīļu lapu
- 1 glāze sasmalcinātu svaigu piparmētru lapu
- <u>Mērces sastāvdaļas:</u>
- 1 1/2 citrona, sula no
- 1/3 tase neapstrādātas augstākā labuma olīveļļas
- Sāls un pipari
- 1 tējkarote malta sumaka
- 1/4 tējkarotes kaņēļa pulvera
- nedaudz 1/4 tējkarotes maltu smaržīgo piparu

Instrukcijas:

Grauzdējiet plātsmaizi 5 minūtes tosterī. Un tad plātsmaizi salauž gabaliņos.

Lielā katlā uz vidējas uguns karsē 3 ēdamkarotes olīveļļas 3 minūtes. Pievienojiet plātsmaizi un apcepiet līdz zeltaini brūnai, apmēram 4 minūtes, maisot.

Pievienojiet sāli, piparus un 1/2 tējkarotes sumaka. Kartupeļus noņem no uguns un liek uz papīra dvieļiem notecināt.

Lielā salātu bļodā kārtīgi samaisiet sasmalcinātus salātus, gurķi, tomātu, maurlokus, sagrieztus redīsus, piparmētru lapas un pētersīļus.

Lai pagatavotu citronu vinegretu, saputojiet visas sastāvdaļas nelielā bļodā.

Pievienojiet mērci salātiem un labi samaisiet. Sajauciet pitas maizi.

Pasniedziet un izbaudiet.

Uzturs (uz 100g):192 kalorijas 13,8 g tauki 16,1 g ogļhidrāti 3,9 g olbaltumvielas 655 mg nātrija

Bez lipekļa Tomātu un ķiploku Focaccia

Pagatavošanas laiks: 5 minūtes
gatavošanas laiks: 20 minūtes
Porcijas: 8
Grūtības līmenis: grūti

Sastāvdaļas:

- 1 ola
- ½ tējkarotes citrona sulas
- 1 ēdamkarote medus
- 4 ēdamkarotes olīveļļas
- Šķipsniņa cukura
- 1 ¼ tase karsta ūdens
- 1 ēdamkarote aktīvā sausā rauga
- 2 tējkarotes sasmalcināta rozmarīna
- 2 tējkarotes sasmalcināta timiāna
- 2 tējkarotes sasmalcināta bazilika
- 2 maltas ķiploka daiviņas
- 1 ¼ tējkarotes jūras sāls
- 2 tējkarotes ksantāna sveķu
- ½ glāzes prosas miltu
- 1 glāze kartupeļu cietes, nevis miltu
- 1 glāze sorgo miltu
- Kukurūzas milti bez glutēna putekļiem

Instrukcijas:

Uz 5 minūtēm ieslēdziet cepeškrāsni un pēc tam izslēdziet to, turot cepeškrāsns durvis aizvērtas.

Sajauc siltu ūdeni un šķipsniņu cukura. Pievienojiet raugu un viegli samaisiet. Atstāj uz 7 minūtēm.

Lielā bļodā sajauciet kopā garšaugus, ķiplokus, sāli, ksantāna sveķus, cieti un miltus. Kad raugs ir beidzies, ielej to bļodā ar miltiem. Pievienojiet olu, citronu sulu, medu un olīveļļu.

Kārtīgi samaisa un liek kārtīgi ietaukotā kvadrātveida cepamformā, kas pārkaisīta ar kukurūzas miltiem. Pārklājiet ar svaigiem ķiplokiem, vairāk zaļumiem un sagrieztiem tomātiem. Liek sakarsētā cepeškrāsnī un ļauj uzrūgt pusstundu.

Ieslēdziet cepeškrāsni uz 375oF un pēc uzsildīšanas 20 minūtes. Focaccia gatavo, kad topi ir viegli brūni. Nekavējoties izņem no cepeškrāsns un pannas un ļauj atdzist. Vislabāk pasniegt karstu.

Uzturs (uz 100g): 251 kalorija 9 g tauki 38,4 g ogļhidrāti 5,4 g olbaltumvielas 366 mg nātrija

Grilēti hamburgeri ar sēnēm

Pagatavošanas laiks: 15 minūtes
gatavošanas laiks: 10 minūtes
Porcijas: 4
Grūtības pakāpe: vidēja

Sastāvdaļas:

- 2 aisberga salāti, pārgriezti uz pusēm
- 4 sarkanā sīpola šķēles
- 4 tomātu šķēles
- 4 pilngraudu maizes, grauzdētas
- 2 ēdamkarotes olīveļļas
- ¼ tējkarotes kajēnas piparu, pēc izvēles
- 1 malta ķiploka daiviņa
- 1 ēdamkarote cukura
- ½ tase ūdens
- 1/3 tase balzamiko etiķa
- 4 lielas Portobello sēņu cepures, apmēram 5 collas diametrā

Instrukcijas:

Noņemiet sēnēm kātus un noslaukiet ar mitru drānu. Pārnes uz cepešpannas ar žaunu pusi uz augšu.

Bļodā labi samaisa eļļu, kajēnas piparus, ķiplokus, cukuru, ūdeni un etiķi. Pārlej sēnēm un marinē sēnes ref vismaz stundu.

Kad stunda gandrīz beigusies, uzkarsē grilu uz vidēji lielas uguns un ietauko grilu.

Grilējiet sēnes piecas minūtes no katras puses vai līdz mīkstas. Laistiet sēnes ar marinādi, lai tās neizžūtu.

Lai saliktu, novietojiet ½ saldās maizes uz šķīvja, uzlieciet sīpola šķēli, sēņu, tomātu un salātu lapu. Pārklājiet ar otru maizes augšējo pusi. Atkārtojiet procesu ar pārējām sastāvdaļām, pasniedziet un baudiet.

Uzturs (uz 100g): 244 kalorijas 9,3 g tauki 32 g ogļhidrāti 8,1 g olbaltumvielas 693 mg nātrija

Vidusjūras Baba Ghanoush

Pagatavošanas laiks: 10 minūtes
gatavošanas laiks: 25 minūtes
Porcijas: 4
Grūtības pakāpe: vidēja

Sastāvdaļas:

- 1 ķiploka sīpols
- 1 sarkanā paprika, pārgriezta uz pusēm un izsēta
- 1 ēdamkarote malta svaiga bazilika
- 1 ēdamkarote olīveļļas
- 1 tējkarote melnie pipari
- 2 baklažāni, sagriezti gareniski
- 2 plātsmaizes vai pitas šķēles
- 1 citrona sula

Instrukcijas:

Notīriet grila režģi ar gatavošanas aerosolu un uzkarsējiet grilu līdz vidēji augstam līmenim.

Nogrieziet ķiploku galus un ietiniet alumīnija folijā. Liek uz grila vēsākās vietas un cep vismaz 20 minūtes. Novietojiet paprikas un baklažānu šķēles uz grila karstākās vietas. Grilēt uz abām pusēm.

Kad sīpoli ir gatavi, nomizojiet grauzdētos ķiplokus un ievietojiet nomizotos ķiplokus virtuves kombainā. Pievienojiet olīveļļu, piparus, baziliku, citrona sulu, grilētus sarkanos piparus un grilētus baklažānus. Pagatavojiet biezeni un ielejiet to bļodā.

Cepiet maizi uz grila vismaz 30 sekundes no katras puses, lai tā uzsiltu. Pasniedziet maizi ar biezeni mērci un izbaudiet.

Uzturs (uz 100g): 231,6 kalorijas 4,8 g tauki 36,3 g ogļhidrāti 6,3 g olbaltumvielas 593 mg nātrija

Daudzgraudu un bezglutēna rulļi

Pagatavošanas laiks: 10 minūtes
gatavošanas laiks: 20 minūtes
Porcijas: 8
Grūtības pakāpe: vidēja

Sastāvdaļas:

- ½ tējkarotes ābolu sidra etiķa
- 3 ēdamkarotes olīveļļas
- 2 olas
- 1 tējkarote rauga
- 1 tējkarote sāls
- 2 tējkarotes ksantāna sveķu
- ½ glāzes tapiokas cietes
- ¼ glāzes brūno teff miltu
- ¼ glāzes linu miltu
- ¼ glāzes amaranta miltu
- ¼ glāzes sorgo miltu
- ¾ glāzes brūno rīsu miltu

Instrukcijas:

Mazā bļodā labi samaisiet ūdeni un medu un pievienojiet raugu. Ļaujiet tai iedarboties tieši 10 minūtes.

Ar mikseri sajauciet: cepamo pulveri, sāli, ksantāna sveķus, linu miltus, sorgo miltus, teff miltus, tapiokas cieti, amaranta miltus un brūno rīsu miltus.

Vidējā bļodā saputojiet kopā etiķi, eļļu un olas.

Sauso sastāvdaļu bļodā ielej etiķa un rauga maisījumu un labi samaisa.

Ietauko 12 tasīšu smalkmaizīšu pannu ar vārīšanas aerosolu. Mīklu vienmērīgi pārliek 12 smalkmaizīšu formiņās un ļauj uzrūgt vienu stundu.

Pēc tam uzkarsē cepeškrāsni līdz 375oF un cep rullīšus, līdz augšas ir zeltaini brūnas, apmēram 20 minūtes.

Nekavējoties izņem maizītes no cepeškrāsns un mafinu formiņām un ļauj atdzist.

Vislabāk pasniegt karstu.

Uzturs (uz 100g): 207 kalorijas 8,3 g tauki 27,8 g ogļhidrāti 4,6 g olbaltumvielas 844 mg nātrija

Jūras veltes Linguine

Pagatavošanas laiks: 10 minūtes

gatavošanas laiks: 35 minūtes

Porcijas: 2

Grūtības līmenis: grūti

Sastāvdaļas:

- 2 maltas ķiploka daiviņas
- 4 unces lingvīna, pilngraudu
- 1 ēdamkarote olīveļļas
- 14 unces tomāti, konservēti un sagriezti kubiņos
- 1/2 ēdamkarotes šalotes, maltas
- 1/4 tase baltvīna
- Jūras sāls un melnie pipari pēc garšas
- 6 ķiršu gliemenes, notīrītas
- 4 unces tilapijas, sagrieztas 1 collas sloksnēs
- 4 unces žāvētas jūras ķemmīšgliemenes
- 1/8 tase parmezāna siera, rīvēts
- 1/2 tējkarotes majorāna, malta un svaiga

Instrukcijas:

Katliņā uzkarsē ūdeni līdz vārīšanās temperatūrai un vāra makaronus, līdz tie ir mīksti, un tam vajadzētu ilgt apmēram astoņas minūtes. Nokāš un noskalo makaronus.

Uzkarsē eļļu, izmantojot lielu kastroli uz vidējas uguns, un, kad eļļa ir karsta, iemaisa ķiplokus un šalotes. Pagatavojiet minūti un bieži samaisiet.

Palieliniet siltumu līdz vidēji augstai, pirms pievienojat sāli, vīnu, piparus un tomātus, uzvāriet. Pagatavojiet vēl vienu minūti.

Pēc tam pievienojiet gliemenes, pārklājiet un vāriet vēl divas minūtes.

Tad iemaisa majorānu, ķemmīšgliemenes un zivis. Turpiniet gatavot, līdz zivs ir pilnībā gatava un gliemenes atveras. Tas prasīs līdz piecām minūtēm un atbrīvosies no visiem gliemežiem, kas neatveras.

Pārsmērējiet makaronus ar mērci un gliemenes, pirms pasniegšanas apkaisa ar parmezānu un majorānu. Pasniedziet to karstu.

Uzturs (uz 100g): 329 kalorijas 12 g tauku 10 g ogļhidrātu 33 g proteīna 836 mg nātrija

Ingvera garneļu un tomātu garšviela

Pagatavošanas laiks: 10 minūtes

gatavošanas laiks: 15 minūtes

Porcijas: 2

Grūtības līmenis: grūti

Sastāvdaļas:

- 1 1/2 ēdamkarotes augu eļļas
- 1 malta ķiploka daiviņa
- 10 garneles, īpaši lielas, nomizotas un atstātas astes
- 3/4 ēdamkarotes pirkstu, sarīvē un nomizo
- 1 zaļš tomāts, pārgriezts uz pusēm
- 2 uz pusēm pārgriezti plūmju tomāti
- 1 ēdamkarote citrona sulas, svaiga
- 1/2 tējkarotes cukura
- 1/2 ēdamkarotes Jalapeño sēklas, svaigas un sasmalcinātas
- 1/2 ēdamkarotes bazilika, svaigs un sasmalcināts
- 1/2 ēdamkarotes cilantro, sasmalcināta un svaiga
- 10 iesmi
- Jūras sāls un melnie pipari pēc garšas

Instrukcijas:

Iemērciet iesmus katlā ar ūdeni vismaz pusstundu.

Bļodā apvienojiet ķiplokus un ingveru, pusi pārnesiet uz lielāku bļodu un samaisiet ar divām ēdamkarotēm eļļas. Pievienojiet garneles un pārliecinieties, ka tās ir labi pārklātas.

Pārklājiet un ielieciet ledusskapī vismaz pusstundu, pēc tam ļaujiet atdzist.

Grilu labi uzkarsē un režģus viegli ieziež ar eļļu. Paņemiet bļodu un iemetiet plūmes un zaļos tomātus ar atlikušo ēdamkaroti olīveļļas, garšojiet ar sāli un pipariem.

Grilēt tomātus ar griezuma pusi uz augšu, un mizām jābūt pārogļotām. Tomātu mīkstumam jābūt mīkstam, kas plūmju tomātam prasīs apmēram četras līdz sešas minūtes, bet zaļajam - apmēram desmit minūtes.

Kad tomāti ir pietiekami atdzisuši, noņemiet mizas, pēc tam izmetiet sēklas. Smalki sagrieziet tomātu mīkstumu, pievienojot to rezervētajam ingveram un ķiplokiem. Pievienojiet cukuru, jalapeño, laima sulu un baziliku.

Garneles apkaisa ar sāli un pipariem, uzgriežot tās uz iesmiem un grilējot, līdz tās kļūst necaurspīdīgas, apmēram divas minūtes katrā pusē. Novietojiet garneles uz šķīvja ar savām garšvielām un izbaudiet.

Uzturs (uz 100g): 391 kalorija 13 g tauku 11 g ogļhidrātu 34 g proteīna 693 mg nātrija

Garneles un makaroni

Pagatavošanas laiks: 10 minūtes

gatavošanas laiks: 10 minūtes

Porcijas: 2

Grūtības pakāpe: vidēja

Sastāvdaļas:

- 2 glāzes eņģeļu matu makaronu, vārīti
- 1/2 lb. vidēja garnele, nomizota
- 1 malta ķiploka daiviņa
- 1 glāze sasmalcinātu tomātu
- 1 tējkarote olīveļļas
- 1/6 tase Kalamata olīvas, bez kauliņiem un sasmalcinātas
- 1/8 tase bazilika, svaiga un plānās šķēlēs
- 1 ēdamkarote kaperu, nosusināti
- 1/8 tase sadrupināta fetas siera
- nedaudz melnie pipari

Instrukcijas:

Pagatavojiet makaronus saskaņā ar iepakojuma norādījumiem, pēc tam uzkarsējiet eļļu pannā uz vidēji augstas uguns. Pagatavojiet ķiplokus pusminūti un pievienojiet garneles. Sautē vēl vienu minūti.

Pievienojiet baziliku un tomātus, pēc tam samaziniet uguni, lai ļautu tai pagatavot trīs minūtes. Jūsu tomātam jābūt mīkstam.

Pievienojiet olīvas un kaperus. Pievienojiet nedaudz melno piparu un samaisiet garneļu un nūdeļu maisījumu, lai pasniegtu. Pirms pasniegšanas karstu pārkaisa ar sieru.

Uzturs (uz 100g): 357 kalorijas 11 g tauku 9 g ogļhidrātu 30 g proteīna 871 mg nātrija

malta menca

Pagatavošanas laiks: 10 minūtes
gatavošanas laiks: 25 minūtes
Porcijas: 2
Grūtības pakāpe: vidēja

Sastāvdaļas:

- 2 mencas filejas, 6 unces
- Jūras sāls un melnie pipari pēc garšas
- 1/4 tase sausa baltvīna
- 1/4 tase jūras velšu buljona
- 2 maltas ķiploka daiviņas
- 1 lauru lapa
- 1/2 tējkarotes salvijas, svaigas un sasmalcinātas
- 2 rozmarīna zariņi dekorēšanai

Instrukcijas:

Sāciet, pagriežot cepeškrāsni uz 375, pēc tam apkaisiet filejas ar sāli un pipariem. Ielieciet tos cepešpannā un pievienojiet buljonu, ķiplokus, vīnu, salviju un lauru lapu. Cieši pārklājiet un cepiet divdesmit minūtes. Pārbaudot ar dakšiņu, zivīm jābūt pārslveida.

Izmantojiet lāpstiņu, lai izvilktu katru fileju, liekot šķidrumu uz lielas uguns un vārot, lai samazinātu to uz pusi. Tam vajadzētu ilgt desmit minūtes, un jums būs bieži jāmaisa. Pasniedziet applaucējamā šķidrumā pilinātus un dekorētus ar rozmarīna zariņu.

Uzturs (uz 100g): 361 kalorija 10 g tauku 9 g ogļhidrātu 34 g proteīna 783 mg nātrija

Mīdijas baltvīnā

Pagatavošanas laiks: 5 minūtes
gatavošanas laiks: 10 minūtes
Porcijas: 2
Grūtības līmenis: grūti

Sastāvdaļas:

- 2 mārciņas svaigas dzīvās mīdijas
- 1 glāze sausa baltvīna
- 1/4 tējkarotes jūras sāls, smalks
- 3 maltas ķiploka daiviņas
- 2 tējkarotes šalotes, sasmalcinātas
- 1/4 tase pētersīļu, svaigi un sasmalcināti, sadalīti
- 2 ēdamkarotes olīveļļas
- 1/4 citrona, sulas

Instrukcijas:

Paņemiet sietu un berziet mīdijas, noskalojiet tās zem auksta ūdens. Izmetiet visas mīdijas, kas neaizveras, ja tās tiek dauzītas, un pēc tam izmantojiet nazi, lai no tām noņemtu bārdu.

Noņemiet katlu, novietojiet to uz vidēji lielas uguns un pievienojiet ķiplokus, šalotes, vīnu un pētersīļus. Uzkarsē līdz vārīšanās temperatūrai. Vārot pievieno mīdijas un pārklāj. Ļaujiet tai pagatavot piecas līdz septiņas minūtes. Pārliecinieties, ka tie nepārcep.

Izmantojiet karoti, lai tās izņemtu, un pievienojiet citrona sulu un olīveļļu pannā. Pirms pasniegšanas ar pētersīļiem labi samaisiet un pārlejiet ar buljonu mīdijām.

Uzturs (uz 100g):345 kalorijas 9 g tauku 18 g ogļhidrātu 37 g proteīna 693 mg nātrija

diļļu lasis

Pagatavošanas laiks: 10 minūtes
gatavošanas laiks: 15 minūtes
Porcijas: 2
Grūtības pakāpe: vidēja

Sastāvdaļas:

- 2 laša filejas, katra 6 unces
- 1 ēdamkarote olīveļļas
- 1/2 mandarīna, sulas
- 2 tējkarotes apelsīna miziņas
- 2 ēdamkarotes dilles, svaigas un sasmalcinātas
- Jūras sāls un melnie pipari pēc garšas

Instrukcijas:

Iestatiet cepeškrāsni uz 375 grādiem, pēc tam noņemiet divus desmit collu alumīnija folijas gabalus. Ierīvējiet filejas ar olīveļļu no abām pusēm pirms garšvielu pievienošanas ar sāli un pipariem, novietojot katru fileju uz alumīnija folijas gabala.

Katram pārlej ar apelsīnu sulu un pārkaisa ar apelsīna miziņu un dillēm. Salokiet iepakojumu aizvērtu, pārliecinoties, ka folijas iekšpusē ir divas collas gaisa telpas, lai zivis varētu gatavoties, un novietojiet tās uz cepešpannas.

Cep piecpadsmit minūtes pirms paciņu atvēršanas un pārlikšanas uz diviem pasniegšanas šķīvjiem. Pirms pasniegšanas katru pārlej ar mērci.

Uzturs (uz 100g): 366 kalorijas 14 g tauku 9 g ogļhidrātu 36 g proteīna 689 mg nātrija

plakans lasis

Pagatavošanas laiks: 8 minūtes
gatavošanas laiks: 8 minūtes
Porcijas: 2
Grūtības līmenis: viegli

Sastāvdaļas:

- Lasis, fileja 180 grami
- Citrons, 2 šķēles
- Kaperi, 1 ēd.k
- Jūras sāls un pipari, 1/8 tējk
- Neapstrādāta augstākā labuma olīveļļa, 1 ēd.k

Instrukcijas:

Novietojiet tīru pannu uz vidējas uguns, lai pagatavotu 3 minūtes. Ielieciet olīveļļu uz šķīvja un pilnībā pārklājiet lasi. Pagatavojiet lasi uz lielas uguns pannā.

Pārklājiet lasi ar pārējām sastāvdaļām un apgrieziet, lai ceptu no katras puses. Ievērojiet, kad abas puses ir brūnas. Katrai pusei tas var aizņemt 3–5 minūtes. Pārliecinieties, vai lasis ir pagatavots, pārbaudot to ar dakšiņu.

Pasniedz ar citrona daiviņām.

Uzturs (uz 100g): 371 kalorija 25,1 g tauki 0,9 g ogļhidrāti 33,7 g olbaltumvielas 782 mg nātrija

tunča melodija

Pagatavošanas laiks: 20 minūtes

gatavošanas laiks: 20 minūtes

Porcijas: 2

Grūtības līmenis: viegli

Sastāvdaļas:

- Tuncis, 12 unces
- Zaļais sīpols, 1 dekorēšanai
- Pipari, ¼, sasmalcināti
- Etiķis, 1 domuzīme
- Sāls un pipari pēc garšas
- Avokado, 1, pārgriezts uz pusēm un bez kauliņiem
- grieķu jogurts, 2 ēd.k

Instrukcijas:

Bļodā sajauc tunci ar etiķi, sīpolu, jogurtu, avokado un pipariem.

Pievienojiet garšvielas, samaisiet un pasniedziet ar maurloku garnējumu.

Uzturs (uz 100g): 294 kalorijas 19 g tauki 10 g ogļhidrāti 12 g olbaltumvielas 836 mg nātrija

jūras siers

Pagatavošanas laiks: 12 minūtes
gatavošanas laiks: 25 minūtes
Porcijas: 2
Grūtības līmenis: viegli

Sastāvdaļas:

- Lasis, fileja 180 grami
- Žāvēts baziliks, 1 ēd.k
- Siers, 2 ēd.k., rīvēts
- Tomāts, 1, sagriezts
- Neapstrādāta augstākā labuma olīveļļa, 1 ēd.k

Instrukcijas:

Sagatavojiet cepeškrāsni pie 375 F. Uzlieciet alumīnija foliju uz cepešpannas un apsmidziniet ar cepamo eļļu. Uzmanīgi pārnes lasi uz cepešpannas un pārklāj ar pārējām sastāvdaļām.

Ļaujiet lasim brūnināt 20 minūtes. Ļaujiet atdzist piecas minūtes un pārnesiet uz pasniegšanas šķīvi. Laša vidū redzēsiet virskārtu.

Uzturs (uz 100g): 411 kalorijas 26,6 g tauki 1,6 g ogļhidrāti 8 g olbaltumvielas 822 mg nātrija

veselīgi steiki

Pagatavošanas laiks: 10 minūtes
gatavošanas laiks: 20 minūtes
Porcijas: 2
Grūtības līmenis: viegli

Sastāvdaļas:

- Olīveļļa, 1 tējk
- Paltusa steiks, 8 unces
- Ķiploki, ½ tējk, malti
- Sviests, 1 ēd.k
- Sāls un pipari pēc garšas

Instrukcijas:

Uzkarsē pannu un pievieno eļļu. Uz vidējas uguns apcep steikus pannā, izkausē sviestu ar ķiplokiem, sāli un pipariem. Pievienojiet steikus, labi samaisiet un pasniedziet.

Uzturs (uz 100g): 284 kalorijas 17 g tauki 0,2 g ogļhidrāti 8 g olbaltumvielas 755 mg nātrija

augu lasis

Pagatavošanas laiks: 8 minūtes
gatavošanas laiks: 18 minūtes
Porcijas: 2
Grūtības līmenis: viegli

Sastāvdaļas:

- Lasis, 2 filejas bez ādas
- Rupja sāls pēc garšas
- Neapstrādāta augstākā labuma olīveļļa, 1 ēd.k
- Citrons, 1, sagriezts
- Svaigs rozmarīns, 4 zariņi

Instrukcijas:

Uzkarsē cepeškrāsni līdz 400F. Uzlieciet foliju uz cepešpannas un uzlieciet lasi. Pārklāj lasi ar pārējām sastāvdaļām un cep 20 minūtes. Nekavējoties pasniedziet ar citrona daiviņām.

Uzturs (uz 100g): 257 kalorijas 18 g tauki 2,7 g ogļhidrāti 7 g olbaltumvielas 836 mg nātrija

Glazēta dūmu tunzivis

Pagatavošanas laiks: 35 minūtes
gatavošanas laiks: 10 minūtes
Porcijas: 2
Grūtības līmenis: viegli

Sastāvdaļas:

- Tuncis, 120 grami steiki
- Apelsīnu sula, 1 ēd.k
- Malti ķiploki, ½ daiviņas
- Citronu sula, ½ tējk
- Svaigi pētersīļi, 1 ēdamkarote, sasmalcināti
- Sojas mērce, 1 ēd.k
- Neapstrādāta augstākā labuma olīveļļa, 1 ēd.k
- Malti melnie pipari, ¼ tējk
- Oregano, ¼ tējk

Instrukcijas:

Izvēlieties maisīšanas trauku un pievienojiet visas sastāvdaļas, izņemot tunci. Labi samaisa un pievieno tunci marinādei. Ielieciet maisījumu ledusskapī uz pusstundu. Uzkarsē grilu un apcep tunci no katras puses 5 minūtes. Pasniedz pēc vārīšanas.

Uzturs (uz 100g): 200 kalorijas 7,9 g tauki 0,3 g ogļhidrāti 10 g olbaltumvielas 734 mg nātrija

Paltuss Crusty

Pagatavošanas laiks: 20 minūtes
gatavošanas laiks: 15 minūtes
Porcijas: 2
Grūtības līmenis: viegli

Sastāvdaļas:

- pētersīļi uz augšu
- Svaigas dilles, 2 ēd.k., sasmalcinātas
- Svaigi maurloki, 2 ēd.k., malti
- Olīveļļa, 1 ēd.k
- Sāls un pipari pēc garšas
- Paltuss, filejas, 6 unces
- Citrona miziņa, ½ tējk, smalki sarīvēta
- grieķu jogurts, 2 ēd.k

Instrukcijas:

Uzkarsē cepeškrāsni līdz 400F. Izklājiet cepešpannu ar alumīnija foliju. Visas sastāvdaļas pievieno plašam traukam un ļauj filejām iemarinēties. Noskalo un nosusina filejas; tad liek cepeškrāsnī un cep 15 minūtes.

Uzturs (uz 100g): 273 kalorijas 7,2 g tauki 0,4 g ogļhidrāti 9 g olbaltumvielas 783 mg nātrija

Fit Tuna

Pagatavošanas laiks: 15 minūtes
gatavošanas laiks: 10 minūtes
Porcijas: 2
Grūtības līmenis: viegli

Sastāvdaļas:

- Ola, ½
- Sīpols, 1 ēdamkarote, malta
- selerijas uz augšu
- Sāls un pipari pēc garšas
- Ķiploki, 1 daiviņa, malti
- tunzivju konservi, 7 unces
- grieķu jogurts, 2 ēd.k

Instrukcijas:

Nokāš tunci un pievieno olu un jogurtu ar ķiplokiem, sāli un pipariem.

Bļodā sajauc šo maisījumu ar sīpoliem un veido burgerus. Paņemiet lielu pannu un apcepiet burgerus 3 minūtes no katras puses. Nokāš un pasniedz.

Uzturs (uz 100g): 230 kalorijas 13 g tauki 0,8 g ogļhidrāti 10 g olbaltumvielas 866 mg nātrija

Karsti un svaigi zivju steiki

Pagatavošanas laiks: 14 minūtes

gatavošanas laiks: 14 minūtes

Porcijas: 2

Grūtības līmenis: viegli

Sastāvdaļas:

- Ķiploki, 1 daiviņa, malti
- Citronu sula, 1 ēd.k
- Brūnais cukurs, 1 ēd.k
- Paltusa steiks, 1 mārciņa
- Sāls un pipari pēc garšas
- Sojas mērce, ¼ tējk
- Sviests, 1 tējk
- grieķu jogurts, 2 ēd.k

Instrukcijas:

Uz vidējas uguns uzkarsē grilu. Bļodā sajauc sviestu, cukuru, jogurtu, citronu sulu, sojas mērci un garšvielas. Uzkarsē maisījumu pannā. Izmantojiet šo maisījumu, lai noslauktu steiku, kad tas tiek gatavots uz grila. Pasniedz karstu.

Uzturs (uz 100g): 412 kalorijas 19,4 g tauki 7,6 g ogļhidrāti 11 g olbaltumvielas 788 mg nātrija

O'Marine gliemenes

Pagatavošanas laiks: 20 minūtes
gatavošanas laiks: 10 minūtes
Porcijas: 2
Grūtības līmenis: viegli

Sastāvdaļas:

- Gliemenes, noberztas un lobītas, 1 mārciņa
- Kokosriekstu piens, ½ tase
- Kajēnas pipari, 1 tējk
- Svaiga citrona sula, 1 ēd.k
- Ķiploki, 1 tējk, malti
- Svaigi sasmalcināts koriandrs pārklāšanai
- Brūnais cukurs, 1 tējk

Instrukcijas:

Pannā sajauc visas sastāvdaļas, izņemot mīdijas. Uzkarsē maisījumu un uzvāra. Pievienojiet mīdijas un vāriet 10 minūtes. Pasniedz uz šķīvja ar uzvārīto šķidrumu.

Uzturs (uz 100g): 483 kalorijas 24,4 g tauki 21,6 g ogļhidrāti 1,2 g olbaltumvielas 499 mg nātrija

Vidusjūras liellopa gaļa lēnajā plītē

Pagatavošanas laiks: 10 minūtes

gatavošanas laiks: 10 stundas un 10 minūtes

Porcijas: 6

Grūtības pakāpe: vidēja

Sastāvdaļas:

- 3 mārciņas Chuck Roast, bez kauliem
- 2 tējkarotes rozmarīna
- ½ glāzes saulē kaltētu tomātu, sasmalcinātu
- 10 rīvētas ķiploka daiviņas
- ½ glāzes liellopu gaļas buljona
- 2 ēdamkarotes balzamiko etiķa
- ¼ glāzes sasmalcinātu itāļu pētersīļu, svaigu
- ¼ glāzes sasmalcinātu olīvu
- 1 tējkarote citrona miziņas
- ¼ glāzes siera putraimu

Instrukcijas:

Pannā liek ķiplokus, saulē kaltētus tomātus un rostbifu.

Pievienojiet liellopa buljonu un rozmarīnu. Aizveriet plīti un lēnām vāriet 10 stundas.

Pēc vārīšanas izņemiet gaļu un sasmalciniet gaļu. Izmetiet taukus.

Ielieciet sasmalcināto gaļu atpakaļ pannā un vāriet 10 minūtes.

Mazā bļodā sajauciet citrona miziņu, pētersīļus un olīvas.

Atdzesējiet maisījumu, līdz tas ir gatavs pasniegšanai. Dekorē ar atdzesētu maisījumu.

Pasniedz pāri makaroniem vai olu nūdelēm. Pārklāj ar siera putraimiem.

Uzturs (uz 100g): 314 kalorijas 19 g tauki 1 g ogļhidrāti 32 g olbaltumvielas 778 mg nātrija

Lēnās plīts Vidusjūras liellopu gaļa ar artišokiem

Iestatīšanas laiks: 3 stundas un 20 minūtes
gatavošanas laiks: 7 stundas un 8 minūtes
Porcijas: 6
Grūtības līmenis: viegli

Sastāvdaļas:

- 2 mārciņas liellopa gaļas sautēšanai
- 14 unces artišoku sirdis
- 1 ēdamkarote vīnogu kauliņu eļļas
- 1 sīpols kubiņos
- 32 unces liellopu gaļas buljona
- 4 rīvēta ķiploka daiviņas
- 14½ unces konservētu tomātu, sagrieztu kubiņos
- 15 unces tomātu mērces
- 1 tējkarote žāvēta oregano
- ½ glāzes sasmalcinātu olīvu bez kauliņiem
- 1 tējkarote sausu pētersīļu
- 1 tējkarote žāvēta oregano
- ½ tējkarotes ķimenes pulvera
- 1 tējkarote žāvēta bazilika
- 1 lauru lapa
- ½ tējkarotes sāls

Instrukcijas:

Lielā, nepiedegošā pannā ielej nedaudz eļļas un liek uz vidēji augstas uguns. Cepiet gaļu līdz brūnai no abām pusēm. Pārliek gaļu lēnajā plīts.

Pievienojiet gaļas buljonu, kubiņos sagrieztus tomātus, tomātu mērci, sāli un samaisiet. Ielejiet gaļas buljonu, kubiņos sagrieztus tomātus, oregano, olīvas, baziliku, pētersīļus, lauru lapu un ķimenes. Maisījumu pilnībā samaisa.

Aizveriet un vāriet uz lēnas uguns 7 stundas. Pasniedzot izmetiet lauru lapu. Pasniedz karstu.

Uzturs (uz 100g): 416 kalorijas 5 g tauki 14,1 g ogļhidrāti 29,9 g olbaltumvielas 811 mg nātrija

Pot Roast Vidusjūras stila vāja lēna plīts

Pagatavošanas laiks: 30 minūtes

Gatavošanas laiks: 8 stundas

Porcijas: 10

Grūtības līmenis: grūti

Sastāvdaļas:

- 4 mārciņas apaļa cepta acs
- 4 ķiploka daiviņas
- 2 tējkarotes olīveļļas
- 1 tējkarote svaigi malti melnie pipari
- 1 glāze sasmalcinātu sīpolu
- 4 sasmalcināti burkāni
- 2 tējkarotes žāvēta rozmarīna
- 2 sasmalcināti selerijas kāti
- 28 unces konservētu sasmalcinātu tomātu
- 1 glāze liellopu gaļas buljona ar zemu nātrija saturu
- 1 glāze sarkanvīna
- 2 tējkarotes sāls

Instrukcijas:

Garšojiet cepeti ar sāli, ķiplokiem un pipariem un nolieciet malā. Nepiedegošā pannā ielej eļļu un liek uz vidēji lielas uguns. Novietojiet gaļu un apcepiet, līdz tā no visām pusēm kļūst brūna. Tagad pārnesiet rostbifu uz 6 kvartu lēno plīti. Pannā pievienojiet burkānus, sīpolus, rozmarīnu un seleriju. Turpiniet gatavot, līdz sīpols un dārzeņi ir mīksti.

Pievienojiet šim dārzeņu maisījumam tomātus un vīnu. Pievienojiet liellopu gaļas buljonu un tomātu maisījumu lēnajā plīts kopā ar dārzeņu maisījumu. Aizveriet un vāriet uz lēnas uguns 8 stundas.

Kad gaļa ir gatava, izņemiet to no lēnās plīts, novietojiet uz griešanas dēļa un ietiniet alumīnija folijā. Lai mērci sabiezinātu, pārliek katliņā un vāra uz lēnas uguns, līdz iegūta vēlamā konsistence. Pirms pasniegšanas izmetiet taukus.

Uzturs (uz 100g): 260 kalorijas 6 g tauki 8,7 g ogļhidrāti 37,6 g olbaltumvielas 588 mg nātrija

Lēnās plīts gaļas kukulis

Pagatavošanas laiks: 10 minūtes

gatavošanas laiks: 6 stundas un 10 minūtes

Porcijas: 8

Grūtības pakāpe: vidēja

Sastāvdaļas:

- 2 mārciņas sauszemes bizonu
- 1 rīvēts cukini
- 2 lielas olas
- Olīveļļas aerosols pēc vajadzības
- 1 sasmalcināts cukini
- ½ glāzes pētersīļu, svaigi, smalki sagriezti
- ½ glāzes rīvēta parmezāna siera
- 3 ēdamkarotes balzamiko etiķa
- 4 rīvētas ķiploka daiviņas
- 2 ēdamkarotes sasmalcinātu sīpolu
- 1 ēdamkarote žāvēta oregano
- ½ tējkarotes maltu melno piparu
- ½ tējkarotes košera sāls
- Uz jumtu:
- ¼ glāzes sasmalcināta mocarellas siera
- ¼ glāzes nesaldināta kečupa
- ¼ glāzes svaigi sakapātu pētersīļu

Instrukcijas:

Izklājiet sešu kvartu lēnās plīts iekšpusi ar alumīnija foliju. Apsmidziniet to ar nepiedegošo cepamo eļļu.

Lielā bļodā samaisiet maltu bizonu vai īpaši smalku fileju, cukini, olas, pētersīļus, balzamiko etiķi, ķiplokus, kaltētu oregano, jūras vai košera sāli, sasmalcinātu žāvētu sīpolu un maltus melnos piparus.

Ievietojiet šo maisījumu lēnajā plītī un izveidojiet iegarenu klaipu. Nosedziet plīti, uzkarsē uz lēnas uguns un vāra 6 stundas. Pēc vārīšanas atveriet plīti un izklājiet kečupu pa visu gaļas maizi.

Tagad uzlieciet sieru virs kečupa kā jaunu slāni un aizveriet lēno plīti. Ļaujiet gaļas kukulītim nostāvēties uz šīm divām kārtām apmēram 10 minūtes vai līdz siers sāk kust. Dekorē ar svaigiem pētersīļiem un rīvētu mocarellas sieru.

Uzturs (uz 100g): 320 kalorijas 2 g tauki 4 g ogļhidrāti 26 g olbaltumvielas 681 mg nātrija

Lēnā plīts Vidusjūras liellopu gaļas gabaliņi

Pagatavošanas laiks: 10 minūtes
Cepšanas laiks: 13 stundas
Porcijas: 6
Grūtības pakāpe: vidēja

Sastāvdaļas:

- 3 mārciņas liesa rostbifs
- ½ tējkarotes sīpolu pulvera
- ½ tējkarotes melnie pipari
- 3 glāzes liellopu gaļas buljona ar zemu nātrija saturu
- 4 tējkarotes salātu mērces
- 1 lauru lapa
- 1 ēdamkarote malta ķiploka
- 2 sarkanās paprikas, sagrieztas plānās sloksnēs
- 16 unces Pepperoncino
- 8 šķēles Sergeant Provolone, plānas
- 2 unces bezglutēna maizes
- ½ tējkarotes sāls
- <u>Sezonai:</u>
- 1½ ēdamkarotes sīpolu pulvera
- 1 ½ ēdamkarote ķiploku pulvera
- 2 ēdamkarotes žāvētu pētersīļu

- 1 ēdamkarote stēvijas
- ½ tējkarotes žāvēta timiāna
- 1 ēdamkarote žāvēta oregano
- 2 ēdamkarotes melnie pipari
- 1 ēdamkarote sāls
- 6 siera šķēles

Instrukcijas:

Nosusiniet cepeti ar papīra dvieli. Mazā bļodā apvienojiet melnos piparus, sīpolu pulveri un sāli un berzējiet ar maisījumu pār cepeti. Ievietojiet garšvielu cepeti lēnajā plīts.

Pievienojiet buljonu, salātu mērces maisījumu, lauru lapu un ķiplokus lēnajai plīts. Apvienojiet to maigi. Aizveriet un novietojiet uz lēnas uguns 12 stundas. Pēc vārīšanas noņemiet lauru lapu.

Izņemiet gatavo gaļu un sasmalciniet gaļu. Sasmalcināto gaļu liek atpakaļ un pievieno piparus un. Ievietojiet papriku un pepperoncino lēnajā plītī. Pārklājiet plīti un vāriet uz lēnas uguns 1 stundu. Pirms pasniegšanas katrai maizītei pārkaisa 85 gramus gaļas maisījuma. Pārklāj ar siera šķēli. Šķidro mērci var izmantot kā mērci.

Uzturs (uz 100g): 442 kalorijas 11,5 g tauki 37 g ogļhidrāti 49 g olbaltumvielas 735 mg nātrija

Vidusjūras cūkgaļas cepetis

Pagatavošanas laiks: 10 minūtes

gatavošanas laiks: 8 stundas un 10 minūtes

Porcijas: 6

Grūtības pakāpe: vidēja

Sastāvdaļas:

- 2 ēdamkarotes olīveļļas
- 2 mārciņas cepta cūkgaļa
- ½ tējkarotes paprikas
- ¾ glāzes vistas buljona
- 2 tējkarotes žāvētas salvijas
- ½ ēdamkarotes maltu ķiploku
- ¼ tējkarotes žāvēta majorāna
- ¼ tējkarotes žāvēta rozmarīna
- 1 tējkarote oregano
- ¼ tējkarotes žāvēta timiāna
- 1 tējkarote bazilika
- ¼ tējkarotes košera sāls

Instrukcijas:

Mazā bļodiņā samaisa buljonu, eļļu, sāli un garšvielas. Pannā ielej olīveļļu un uzkarsē uz vidēji augstas uguns. Pievienojiet cūkgaļu un cepiet, līdz visas puses ir zeltaini brūnas.

Pēc vārīšanas izņemiet cūkgaļu un ieduriet visu cepeti ar nazi. Ievietojiet sasmalcinātu cūkgaļas cepeti 6 kvartu katlā. Tagad uzlejiet šķidrumu no mazās bļodiņas pār cepeti.

Aizveriet māla podu un vāriet uz lēnas uguns 8 stundas. Pēc vārīšanas izņem to no māla poda uz griešanas dēļa un sagriež gabaliņos. Tad ielieciet plūktu cūkgaļu atpakaļ lēnajā plīts. Pagatavojiet vēl 10 minūtes. Pasniedz ar fetas sieru, plātsmaizi un tomātiem.

Uzturs (uz 100g): 361 kalorija 10,4 g tauki 0,7 g ogļhidrāti 43,8 g olbaltumvielas 980 mg nātrija

gaļas pica

Pagatavošanas laiks: 20 minūtes
gatavošanas laiks: 50 minūtes
Porcijas: 10
Grūtības līmenis: grūti

Sastāvdaļas:

- <u>Garozai:</u>
- 3 glāzes universālu miltu
- 1 ēdamkarote cukura
- 2¼ tējkarotes aktīvā sausā rauga
- 1 tējkarote sāls
- 2 ēdamkarotes olīveļļas
- 1 glāze karsta ūdens
- <u>Pārklājumam:</u>
- 1 kilograms maltas liellopa gaļas
- 1 vidējs sīpols, sasmalcināts
- 2 ēdamkarotes tomātu pastas
- 1 ēdamkarote maltas ķimenes
- Sāls un malti melnie pipari pēc vajadzības
- ¼ glāzes ūdens
- 1 glāze sasmalcinātu svaigu spinātu
- 8 unces artišoku sirdis, sadalītas četrās
- 4 unces svaigas sēnes, sagrieztas

- 2 sasmalcināti tomāti
- 4 unces fetas siera, drupināts

Instrukcijas:

Garozai:

Ar mīklas āķi saputojiet miltus, cukuru, raugu un sāli statīvā mikserī. Pievienojiet 2 ēdamkarotes eļļas un siltu ūdeni un mīciet, līdz izveidojas gluda, elastīga mīkla.

No mīklas izveido bumbiņu un noliek malā apmēram 15 minūtes.

Mīklu liek uz viegli miltiem apkaisītas virsmas un izrullē aplīti.

Ielieciet mīklu viegli ieeļļotā apaļā picas pannā un viegli piespiediet, lai tā atbilstu. Rezervējiet apmēram 10-15 minūtes.

Pārklājiet garozu ar nedaudz eļļas. Uzkarsē cepeškrāsni līdz 400 grādiem F.

Pārklājumam:

Cepiet gaļu nepiedegošā pannā uz vidēji augstas uguns apmēram 4-5 minūtes. Pievienojiet sīpolu un, nepārtraukti maisot, apcepiet apmēram 5 minūtes. Pievienojiet tomātu pastu, ķimenes, sāli, melnos piparus un ūdeni un labi samaisiet.

Uzstādiet siltumu uz vidēju un vāriet apmēram 5-10 minūtes. Noņem no uguns un noliek malā. Ar karoti lieciet gaļas maisījumu virs picas garozas un uzlieciet spinātus, kam seko artišoki, sēnes, tomāti un fetas siers.

Cep, līdz siers izkūst. Izņem no cepeškrāsns un pirms sagriešanas noliek malā apmēram 3-5 minūtes. Sagriež vajadzīgā izmēra šķēlēs un pasniedz.

Uzturs (uz 100g): 309 kalorijas 8,7 g tauki 3,7 g ogļhidrāti 3,3 g olbaltumvielas 732 mg nātrija

Liellopa un bulgura kotletes

Pagatavošanas laiks: 20 minūtes
gatavošanas laiks: 28 minūtes
Porcijas: 6
Grūtības pakāpe: vidēja

Sastāvdaļas:

- ¾ glāzes neapstrādāta bulgura
- 1 kilograms maltas liellopa gaļas
- ¼ glāzes šalotes, sasmalcinātas
- ¼ glāzes sasmalcinātu svaigu pētersīļu
- ½ tējkarotes maltu smaržīgo piparu
- ½ tējkarotes maltas ķimenes
- ½ tējkarotes kanēļa pulvera
- ¼ tējkarotes sarkano piparu pārslu, sasmalcinātas
- Sāls pēc vajadzības
- 1 ēdamkarote olīveļļas

Instrukcijas:

Lielā bļodā ar aukstu ūdeni iemērc bulguru apmēram 30 minūtes. Labi noteciniet kviešus un pēc tam saspiediet ar rokām, lai noņemtu lieko ūdeni. Virtuves kombainā pievienojiet bulguru, liellopu gaļu, šalotes, pētersīļus, garšvielas, sāli un pākšaugus līdz gludai.

Ielieciet maisījumu bļodā un ievietojiet ledusskapī, pārklātu ar vāku, apmēram 30 minūtes. Izņem no ledusskapja un veido vienāda izmēra bumbiņas ar gaļas maisījumu. Lielā, nepiedegošā pannā uzkarsējiet eļļu uz vidēji augstas uguns un vāriet kotletes 2 partijās apmēram 13–14 minūtes, bieži apgriežot. Pasniedziet to karstu.

Uzturs (uz 100g): 228 kalorijas 7,4 g tauki 0,1 g ogļhidrāti 3,5 g olbaltumvielas 766 mg nātrija

Garšīga liellopa gaļa un brokoļi

Pagatavošanas laiks: 10 minūtes
gatavošanas laiks: 15 minūtes
Porcijas: 4
Grūtības līmenis: viegli

Sastāvdaļas:

- 1 un ½ mārciņas. sānu steiks
- 1 Ēdamkarote. eļļa
- 1 Ēdamkarote. tamari mērce
- 1 glāze liellopa buljona
- 1 mārciņa brokoļu, atdalīti ziedi

Instrukcijas:

Apvienojiet steika sloksnes ar eļļu un tamari, samaisiet un nolieciet malā uz 10 minūtēm. Iestatiet Instant Pot sautēšanas režīmā, novietojiet liellopa gaļas sloksnes un apbrūniniet tās 4 minūtes no katras puses. Pievienojiet buljonu, atkal pārklājiet pannu un vāriet uz lielas uguns 8 minūtes. Pievienojiet brokoļus, pārklājiet un vāriet uz lielas uguns vēl 4 minūtes. Sadaliet visu pa šķīvjiem un pasniedziet. Novērtēju!

Uzturs (uz 100g): 312 kalorijas 5 g tauki 20 g ogļhidrāti 4 g olbaltumvielas 694 mg nātrija

liellopu gaļas kukurūzas čili

Pagatavošanas laiks: 8-10 minūtes
gatavošanas laiks: 30 minūtes
Porcijas: 8
Grūtības pakāpe: vidēja

Sastāvdaļas:

- 2 mazi sīpoli sagriezti (smalki)
- ¼ glāzes konservētas kukurūzas
- 1 ēdamkarote eļļas
- 10 unces liesas maltas liellopa gaļas
- 2 mazi pipari, sasmalcināti

Instrukcijas:

Ieslēdziet Instant Pot. Noklikšķiniet uz "SAUTĒT". Ielejiet eļļu un pievienojiet sīpolu, čili piparus un gaļu; vāra, līdz kļūst caurspīdīgs un mīksts. Ielejiet pannā 3 tases ūdens; labi samaisa.

Aizveriet vāku. Izvēlieties "GAĻA/SAUTĒJUMS". Iestatiet taimeri uz 20 minūtēm. Ļaujiet tai gatavot, līdz taimeris apstājas.

Noklikšķiniet uz "CANCEL" un pēc tam uz "NPR", lai atbrīvotu dabisko spiedienu apmēram 8-10 minūtes. Atveriet un novietojiet trauku uz pasniegšanas šķīvjiem. Pasniedziet.

Uzturs (uz 100g): 94 kalorijas 5 g tauki 2 g ogļhidrāti 7 g olbaltumvielas 477 mg nātrija

balzamiko gaļas plate

Pagatavošanas laiks: 5 minūtes
gatavošanas laiks: 55 minūtes
Porcijas: 8
Grūtības pakāpe: vidēja

Sastāvdaļas:

- 3 mārciņas cepta liellopa gaļas
- 3 ķiploka daiviņas, smalki sagrieztas
- 1 ēdamkarote eļļas
- 1 tējkarote aromatizēta etiķa
- ½ tējkarotes piparu
- ½ tējkarotes rozmarīna
- 1 ēdamkarote sviesta
- ½ tējkarotes timiāna
- ¼ glāzes balzamiko etiķa
- 1 glāze liellopa buljona

Instrukcijas:

Cepetī sagriež šķēles un saber ķiploku šķēlītēs. Apvienojiet aromatizēto etiķi, rozmarīnu, piparus, timiānu un ierīvējiet cepeti ar maisījumu. Izvēlieties pannu sautēšanas režīmā un iemaisiet eļļu, ļaujiet eļļai uzkarst. Apcep abas cepeša puses.

Noņemiet to un rezervējiet. Pievienojiet sviestu, buljonu, balzamiko etiķi un noņemiet glazūru no pannas. Atgriezieties uz grauzdēšanas un aizveriet vāku, pēc tam vāriet uz AUGSTA spiediena 40 minūtes.

Veiciet ātru atbrīvošanu. Pasniedziet!

Uzturs (uz 100g): 393 kalorijas 15 g tauki 25 g ogļhidrāti 37 g olbaltumvielas 870 mg nātrija

Cepta liellopa sojas mērce

Pagatavošanas laiks: 8 minūtes
gatavošanas laiks: 35 minūtes
Porcijas: 2-3
Grūtības pakāpe: vidēja

Sastāvdaļas:

- ½ tējkarotes liellopa buljona
- 1½ tējkarotes rozmarīna
- ½ tējkarotes malta ķiploka
- 2 mārciņas cepta liellopa gaļas
- 1/3 tase sojas mērces

Instrukcijas:

Bļodā apvienojiet sojas mērci, buljonu, rozmarīnu un ķiplokus.

Ieslēdziet savu Instant Pot. Novietojiet cepeti un ielejiet tik daudz ūdens, lai tas pārklātu cepeti; viegli samaisiet, lai labi sajauktos. Labi noblīvējiet.

Noklikšķiniet uz gatavošanas funkcijas "GAĻA / SAUTĒJUMS"; iestatiet spiediena līmeni uz "HIGH" un iestatiet gatavošanas laiku uz 35 minūtēm. Ļaujiet palielināties spiedienam, lai pagatavotu sastāvdaļas. Kad tas ir izdarīts, noklikšķiniet uz "CANCEL" iestatījuma un noklikšķiniet uz "NPR" vārīšanas funkcija, lai dabiski atbrīvotu spiedienu.

Lēnām atveriet vāku un sasmalciniet gaļu. Sasmalcināto liellopu gaļu sajauciet atpakaļ maisījumā un labi samaisiet. Pārlej traukos pasniegšanai. Pasniedziet to karstu.

Uzturs (uz 100g):423 kalorijas 14 g tauki 12 g ogļhidrāti 21 g olbaltumvielas 884 mg nātrija

Alecrim liellopa čaka cepetis

Pagatavošanas laiks: 5 minūtes
gatavošanas laiks: 45 minūtes
Porcijas: 5-6
Grūtības pakāpe: vidēja

Sastāvdaļas:

- 3 mārciņas cepta liellopa gaļas
- 3 ķiploka daiviņas
- ¼ glāzes balzamiko etiķa
- 1 zariņš svaiga rozmarīna
- 1 zariņš svaiga timiāna
- 1 glāze ūdens
- 1 ēdamkarote augu eļļas
- Sāls un pipari pēc garšas

Instrukcijas:

Sasmalciniet liellopa gaļas šķēles un ievietojiet tajās ķiploka daiviņas. Cepeti ierīvē ar zaļumiem, melnajiem pipariem un sāli. Uzkarsē savu Instant Pot, izmantojot sautēšanas iestatījumu, un ielej eļļu. Kad tas ir uzkarsēts, iemaisa rostbifu un ātri cep, līdz tā no visām pusēm kļūst brūna. Pievienojiet atlikušās sastāvdaļas; maigi samaisiet.

Labi noslēdz un vāra uz lielas uguns 40 minūtes, izmantojot manuālo iestatījumu. Ļaujiet spiedienam dabiski atbrīvoties, apmēram 10 minūtes. Atklājiet un novietojiet cepeti uz šķīvjiem, sagrieziet šķēlēs un pasniedziet.

Uzturs (uz 100g): 542 kalorijas 11,2 g tauki 8,7 g ogļhidrāti 55,2 g olbaltumvielas 710 mg nātrija

Cūkgaļas karbonādes un tomātu mērce

Pagatavošanas laiks: 10 minūtes
gatavošanas laiks: 20 minūtes
Porcijas: 4
Grūtības līmenis: viegli

Sastāvdaļas:

- 4 cūkgaļas karbonādes, bez kauliem
- 1 ēdamkarote sojas mērces
- ¼ tējkarotes sezama eļļas
- 1 un ½ glāzes tomātu pastas
- 1 dzeltenais sīpols
- 8 sagrieztas sēnes

Instrukcijas:

Bļodā sajauc cūkgaļas karbonādes ar sojas mērci un sezama eļļu, samaisa un noliek malā uz 10 minūtēm. Ieslēdziet Instant Pot sautēšanas režīmu, pievienojiet cūkgaļas karbonādes un apcepiet tās 5 minūtes no katras puses. Pievienojiet sīpolu un sautējiet vēl 1-2 minūtes. Pievienojiet tomātu pastu un sēnes, samaisiet, pārklājiet un vāriet uz augstas temperatūras 8-9 minūtes. Sadaliet visu pa šķīvjiem un pasniedziet. Novērtēju!

Uzturs (uz 100g): 300 kalorijas 7 g tauku 18 g ogļhidrātu 4 g proteīna 801 mg nātrija

Vistas gaļa ar kaperu mērci

Pagatavošanas laiks: 10 minūtes
gatavošanas laiks: 18 minūtes
Porcijas: 5
Grūtības līmenis: grūti

Sastāvdaļas:

- <u>Vistai:</u>
- 2 olas
- Sāls un malti melnie pipari pēc vajadzības
- 1 glāze sausas rīvmaizes
- 2 ēdamkarotes olīveļļas
- Viena mārciņa bez kauliem, bez ādas, sasmalcināta līdz ¾ collas biezumam un sagriezta gabalos
- <u>Kaperu mērcei:</u>
- 3 ēdamkarotes kaperu
- ½ glāzes sausa baltvīna
- 3 ēdamkarotes svaigas citronu sulas
- Sāls un malti melnie pipari pēc vajadzības
- 2 ēdamkarotes svaigu pētersīļu, maltu

Instrukcijas:

Vistas gaļai: seklā traukā pievienojiet olas, sāli un melnos piparus un sakuliet, līdz tie ir labi sajaukti. Citā seklā traukā liek rīvmaizi. Iemērciet vistas gabalus olu maisījumā un vienmērīgi pārklājiet ar rīvmaizi. Nokratiet lieko rīvmaizi.

Pagatavojiet eļļu uz vidējas uguns un cepiet vistas gabalus apmēram 5-7 minūtes no katras puses vai līdz vēlamajam gatavībai. Ar rievotu karoti liek vistas gabaliņus uz šķīvja, kas izklāta ar papīra dvieli. Ar alumīnija folijas gabalu pārklājiet vistas gabalus, lai tie būtu silti.

Tajā pašā pannā pievienojiet visas mērces sastāvdaļas, izņemot pētersīļus, un vāriet apmēram 2-3 minūtes, nepārtraukti maisot. Iemaisa pētersīļus un noņem no uguns. Pasniedziet vistas gabalus, kas papildināti ar kaperu mērci.

Uzturs (uz 100g): 352 kalorijas 13,5 g tauki 1,9 g ogļhidrāti 1,2 g olbaltumvielas 741 mg nātrija

Turcijas burgeri ar mango mērci

Pagatavošanas laiks: 15 minūtes
gatavošanas laiks: 10 minūtes
Porcijas: 6
Grūtības līmenis: viegli

Sastāvdaļas:

- 1½ mārciņas maltas tītara krūtiņas
- 1 tējkarote jūras sāls, sadalīta
- ¼ tējkarotes svaigi maltu melno piparu
- 2 ēdamkarotes neapstrādātas augstākā labuma olīveļļas
- 2 mango, nomizoti, bez kauliņiem un kubiņos
- ½ sarkanā sīpola, malta
- 1 citrona sula
- 1 malta ķiploka daiviņa
- ½ halapeno piparu, izsēklu un smalki sagrieztu
- 2 ēdamkarotes sasmalcinātu svaigu koriandra lapu

Instrukcijas:

Veidojiet tītara krūtiņu 4 pīrādziņos un apkaisiet ar ½ tējkarotes jūras sāls un pipariem. Cepiet eļļu nepiedegošā pannā, līdz tā sāk mirgot. Pievienojiet tītara pīrādziņus un cepiet apmēram 5 minūtes no katras puses, līdz tie kļūst zeltaini brūni. Kamēr pīrādziņi gatavojas, nelielā bļodiņā samaisiet mango, sarkano sīpolu, laima sulu, ķiplokus, halapenjo, cilantro un atlikušo ½ tējkaroti jūras sāls. Ar karoti pārlej salsu pār tītara pīrādziņiem un pasniedz.

Uzturs (uz 100g): 384 kalorijas 3 g tauki 27 g ogļhidrāti 34 g olbaltumvielas 692 mg nātrija

Cepta tītara krūtiņa ar zaļumiem

Pagatavošanas laiks: 15 minūtes

gatavošanas laiks: 1½ stundas (plus 20 minūtes atpūtai)

Porcijas: 6

Grūtības pakāpe: vidēja

Sastāvdaļas:

- 2 ēdamkarotes neapstrādātas augstākā labuma olīveļļas
- 4 maltas ķiploka daiviņas
- 1 citrona miziņa
- 1 ēdamkarote sasmalcinātu svaigu timiāna lapu
- 1 ēdamkarote sasmalcinātu svaigu rozmarīna lapu
- 2 ēdamkarotes svaigu itāļu pētersīļu lapu
- 1 tējkarote maltas sinepes
- 1 tējkarote jūras sāls
- ¼ tējkarotes svaigi maltu melno piparu
- 1 (6 mārciņas) tītara krūtiņa ar ādu ar kauliem
- 1 glāze sausa baltvīna

Instrukcijas:

Uzkarsē cepeškrāsni līdz 325° F. Sajauc olīveļļu, ķiplokus, citrona miziņu, timiānu, rozmarīnu, pētersīļus, sinepes, jūras sāli un piparus. Vienmērīgi notīriet ar garšaugu maisījumu pa tītara krūtiņas virsmu, atbrīvojiet ādu un berzējiet arī apakšējo daļu. Novietojiet tītara krūtiņu cepešpannā uz režģa ar ādu uz augšu.

Ielejiet vīnu pannā. Cepiet 1 līdz 1 1/2 stundas, līdz tītars sasniedz iekšējo temperatūru 165 F. Izņemiet no cepeškrāsns un novietojiet atsevišķi uz 20 minūtēm, pārklājot ar foliju, lai saglabātu siltumu, pirms sagriešanas šķēlēs.

Uzturs (uz 100g):392 kalorijas 1 g tauki 2 g ogļhidrāti 84 g olbaltumvielas 741 mg nātrija

Vistas desa un pipari

Pagatavošanas laiks: 10 minūtes
gatavošanas laiks: 20 minūtes
Porcijas: 6
Grūtības pakāpe: vidēja

Sastāvdaļas:

- 2 ēdamkarotes neapstrādātas augstākā labuma olīveļļas
- 6 itāļu vistas desu saites
- 1 sīpols
- 1 sarkanā paprika
- 1 zaļā paprika
- 3 maltas ķiploka daiviņas
- ½ glāzes sausa baltvīna
- ½ tējkarotes jūras sāls
- ¼ tējkarotes svaigi maltu melno piparu
- Savāc sarkano piparu pārslas

Instrukcijas:

Vāra eļļu lielā pannā, līdz tā sāk mirgot. Pievienojiet desas un vāriet 5 līdz 7 minūtes, laiku pa laikam apgriežot, līdz tās ir brūnas un sasniegs iekšējo temperatūru 165 ° F. Izmantojot knaibles, izņemiet desu no pannas un novietojiet malā uz šķīvja, pārklāta ar foliju, lai saglabātu siltumu. Tas sasildīja.

Atgrieziet pannu uz uguns un iemaisiet sīpolu, sarkanos piparus un zaļos piparus. Pagatavojiet un laiku pa laikam samaisiet, līdz dārzeņi sāk brūnēt. Pievienojiet ķiplokus un vāriet 30 sekundes, nepārtraukti maisot.

Iemaisa vīnu, jūras sāli, piparus un sarkano piparu pārslas. Izņemiet un salokiet visus apbrūnējušos gabaliņus no pannas apakšas. Vāra vēl apmēram 4 minūtes, maisot, līdz šķidrums samazinās uz pusi. Pārkaisa papriku desām un pasniedz.

Uzturs (uz 100g): 173 kalorijas 1 g tauki 6 g ogļhidrāti 22 g olbaltumvielas 582 mg nātrija

Sasmalcināta vistas gaļa

Pagatavošanas laiks: 10 minūtes
gatavošanas laiks: 15 minūtes
Porcijas: 6
Grūtības pakāpe: vidēja

Sastāvdaļas:

- ½ glāzes pilngraudu kviešu miltu
- ½ tējkarotes jūras sāls
- 1/8 tējkarotes svaigi maltu melno piparu
- 1 ½ mārciņas vistas krūtiņas, sagrieztas 6 gabalos
- 3 ēdamkarotes neapstrādātas augstākā labuma olīveļļas
- 1 glāze nesālīta vistas buljona
- ½ glāzes sausa baltvīna
- 1 citrona sula
- 1 citrona miziņa
- ¼ glāzes kaperu, nosusināti un noskaloti
- ¼ glāzes sasmalcinātu svaigu pētersīļu lapu

Instrukcijas:

Seklā traukā saputojiet miltus, jūras sāli un piparus. Apkaisiet vistu miltos un nokratiet lieko. Vāra eļļu, līdz tā sāk mirgot.

Novietojiet vistu un cepiet apmēram 4 minūtes no katras puses līdz zeltaini brūnai. Izņemiet vistu no pannas un novietojiet malā, izklājiet ar alumīnija foliju, lai saglabātu siltumu.

Atgrieziet pannu uz uguns un pievienojiet buljonu, vīnu, citrona sulu, citrona miziņu un kaperus. Izmantojiet karotes malu un ielieciet brūnos gabaliņus no pannas apakšas. Vāra, līdz šķidrums sabiezē. Noņemiet pannu no uguns un atgrieziet vistu uz pannas. Pagriezieties uz mēteli. Pievienojiet pētersīļus un pasniedziet.

Uzturs (uz 100g):153 kalorijas 2 g tauki 9 g ogļhidrāti 8 g olbaltumvielas 692 mg nātrija

Toskānas vista

Pagatavošanas laiks: 10 minūtes
gatavošanas laiks: 25 minūtes
Porcijas: 6
Grūtības līmenis: grūti

Sastāvdaļas:

- ¼ glāzes neapstrādātas augstākā labuma olīveļļas, sadalīta
- Viena mārciņa smagas vistas krūtiņas bez kauliem bez ādas, sagrieztas ¾ collu gabaliņos
- 1 sasmalcināts sīpols
- 1 sasmalcināts sarkanais pipars
- 3 maltas ķiploka daiviņas
- ½ glāzes sausa baltvīna
- 1 kārba (14 unces) sasmalcinātu tomātu, nenosusināti
- 1 bundža sasmalcinātu tomātu, nosusināti
- 1 kārba (14 unces) baltās pupiņas, nosusinātas
- 1 ēdamkarote sausas itāļu garšvielas
- ½ tējkarotes jūras sāls
- 1/8 tējkarotes svaigi maltu melno piparu
- 1/8 tējkarotes sarkano piparu pārslu
- ¼ glāzes sasmalcinātu svaigu bazilika lapu

Instrukcijas:

Pagatavojiet 2 ēdamkarotes olīveļļas, līdz tā sāk mirgot. Iemaisa vistu un vāra līdz brūnai. Noņemiet vistu no pannas un novietojiet malā uz šķīvja, kas pārklāta ar alumīnija foliju, lai saglabātu siltumu.

Atgrieziet pannu uz uguns un uzkarsējiet atlikušo eļļu. Pievienojiet sīpolus un sarkanos papriku. Pagatavojiet un laiku pa laikam samaisiet, līdz dārzeņi ir mīksti. Pievienojiet ķiplokus un vāriet 30 sekundes, nepārtraukti maisot.

Pievienojiet vīnu un izmantojiet karotes malu, lai no pannas apakšas noņemtu apbrūnējušos gabaliņus. Vāra 1 minūti, maisot.

Iemaisa sasmalcinātus un sasmalcinātus tomātus, baltās pupiņas, itāļu garšvielas, jūras sāli, piparus un sarkano piparu pārslas. Ļaujiet tai vārīties. Vāra 5 minūtes, laiku pa laikam apmaisot.

Atgrieziet vistu un visas uzkrātās sulas uz pannas. Vāra, līdz vista ir gatava. Noņem no uguns un pirms pasniegšanas iemaisa baziliku.

Uzturs (uz 100g): 271 kalorija 8 g tauki 29 g ogļhidrāti 14 g olbaltumvielas 596 mg nātrija

kapama vista

Pagatavošanas laiks: 10 minūtes
Gatavošanas laiks: 2 stundas
Porcijas: 4
Grūtības pakāpe: vidēja

Sastāvdaļas:

- 1 kārba (32 unces) sasmalcinātu tomātu, nosusināti
- ¼ glāzes sausa baltvīna
- 2 ēdamkarotes tomātu pastas
- 3 ēdamkarotes neapstrādātas augstākā labuma olīveļļas
- ¼ tējkarotes sarkano piparu pārslu
- 1 tējkarote maltu smaržīgo piparu
- ½ tējkarotes žāvēta oregano
- 2 veselas krustnagliņas
- 1 kaneļa standziņa
- ½ tējkarotes jūras sāls
- 1/8 tējkarotes svaigi maltu melno piparu
- 4 vistas krūtiņas pusītes bez kauliem, bez ādas

Instrukcijas:

Lielā katliņā apvienojiet tomātus, vīnu, tomātu pastu, olīveļļu, sarkano piparu pārslas, smaržīgos piparus, oregano, krustnagliņas, kaneļa standziņu, jūras sāli un piparus. Uzkarsē līdz vārīšanās temperatūrai, ik pa laikam apmaisot. Ļaujiet ievilkties 30 minūtes, laiku pa laikam apmaisot. Izņemiet un izmetiet visas krustnagliņas un kanēļa standziņu no mērces un ļaujiet atdzist.

Uzkarsē cepeškrāsni līdz 350 °F. Novietojiet vistu 9 x 13 collu cepamajā traukā. Ar mērci pārlej vistu un pārklāj pannu ar alumīnija foliju. Turpiniet cepšanu, līdz sasniedzat iekšējo temperatūru 165 ° F.

Uzturs (uz 100g): 220 kalorijas 3 g tauki 11 g ogļhidrāti 8 g olbaltumvielas 923 mg nātrija

Vistas krūtiņa pildīta ar spinātiem un fetu

Pagatavošanas laiks: 10 minūtes

gatavošanas laiks: 45 minūtes

Porcijas: 4

Grūtības pakāpe: vidēja

Sastāvdaļas:

- 2 ēdamkarotes neapstrādātas augstākā labuma olīveļļas
- 1 mārciņa svaigu spinātu
- 3 maltas ķiploka daiviņas
- 1 citrona miziņa
- ½ tējkarotes jūras sāls
- 1/8 tējkarotes svaigi maltu melno piparu
- ½ glāzes sadrupināta fetas siera
- 4 vistas krūtiņas bez kauliem, bez ādas

Instrukcijas:

Uzkarsē cepeškrāsni līdz 350 ° F. Pagatavojiet olīveļļu uz vidējas uguns, līdz tā sāk mirgot. Pievieno spinātus. Turpiniet gatavot un maisīt, līdz tas ir vīstošs.

Iemaisa ķiplokus, citrona miziņu, jūras sāli un piparus. Vāra 30 sekundes, nepārtraukti maisot. Ļaujiet tai nedaudz atdzist un samaisiet sieru.

Uzklājiet spinātu un siera maisījumu vienmērīgā kārtā uz vistas gabaliņiem un aptiniet krūtiņu ap pildījumu. Nostipriniet ar zobu bakstāmajiem vai miesnieka auklu. Ievietojiet krūtiņas 9 x 13 collu cepamajā traukā un cepiet 30 līdz 40 minūtes vai līdz vistas iekšējā temperatūra ir 165 °F. Izņemiet no cepeškrāsns un novietojiet malā uz 5 minūtēm pirms sagriešanas un pasniegšanas.

Uzturs (uz 100g):263 kalorijas 3 g tauki 7 g ogļhidrāti 17 g olbaltumvielas 639 mg nātrija

Cepti vistas stilbiņi ar rozmarīnu

Pagatavošanas laiks: 5 minūtes
Gatavošanas laiks: 1 stunda
Porcijas: 6
Grūtības līmenis: viegli

Sastāvdaļas:

- 2 ēdamkarotes sasmalcinātu svaigu rozmarīna lapu
- 1 tējkarote ķiploku pulvera
- ½ tējkarotes jūras sāls
- 1/8 tējkarotes svaigi maltu melno piparu
- 1 citrona miziņa
- 12 vistas stilbiņi

Instrukcijas:

Uzkarsē cepeškrāsni līdz 350 °F. Iemaisa rozmarīnu, ķiploku pulveri, jūras sāli, piparus un citrona miziņu.

Ievietojiet stilbiņus 9 x 13 collu cepamajā traukā un apkaisa ar rozmarīna maisījumu. Cepiet, līdz vista sasniedz iekšējo temperatūru 165 ° F.

Uzturs (uz 100g): 163 kalorijas 1 g tauki 2 g ogļhidrāti 26 g olbaltumvielas 633 mg nātrija

Vistas gaļa ar sīpolu, kartupeli, vīģi un burkānu

Pagatavošanas laiks: 5 minūtes
gatavošanas laiks: 45 minūtes
Porcijas: 4
Grūtības pakāpe: vidēja

Sastāvdaļas:

- 2 glāzes uz pusēm sagrieztu kartupeļu
- 4 svaigas vīģes, sagrieztas ceturtdaļās
- 2 burkāni, julienēti
- 2 ēdamkarotes neapstrādātas augstākā labuma olīveļļas
- 1 tējkarote jūras sāls, sadalīta
- ¼ tējkarotes svaigi maltu melno piparu
- 4 vistas kājas un augšstilbu ceturtdaļas
- 2 ēdamkarotes sasmalcinātu svaigu pētersīļu lapu

Instrukcijas:

Uzkarsē cepeškrāsni līdz 425 °F. Mazā bļodā iemetiet kartupeļus, vīģes un burkānus ar olīveļļu, ½ tējkaroti jūras sāls un pipariem. Izklājiet 9x13 collu cepamajā traukā.

Garšojiet vistu ar atlikušo t jūras sāli. Liek virsū dārzeņiem. Cepiet, līdz dārzeņi ir mīksti un vista sasniedz iekšējo temperatūru 165 ° F. Apkaisa ar pētersīļiem un pasniedz.

Uzturs (uz 100g): 429 kalorijas 4 g tauki 27 g ogļhidrāti 52 g olbaltumvielas 581 mg nātrija

Vistas žiroskops ar tzatziki

Pagatavošanas laiks: 15 minūtes
gatavošanas laiks: 1 stunda un 20 minūtes
Porcijas: 6
Grūtības pakāpe: vidēja

Sastāvdaļas:

- Puse mārciņas vistas krūtiņa
- 1 sīpols, sarīvēts ar lieko ūdeni izspiestu
- 2 ēdamkarotes žāvēta rozmarīna
- 1 ēdamkarote žāvēta majorāna
- 6 maltas ķiploka daiviņas
- ½ tējkarotes jūras sāls
- ¼ tējkarotes svaigi maltu melno piparu
- tzatziki mērce

Instrukcijas:

Uzkarsē cepeškrāsni līdz 350 °F. Virtuves kombainā sajauciet vistu, sīpolu, rozmarīnu, majorānu, ķiplokus, jūras sāli un piparus. Sakuļ, līdz maisījums veido pastu. Alternatīvi sajauciet šīs sastāvdaļas bļodā, līdz tās ir labi sajauktas (skatiet sagatavošanas padomu).

Iespiediet maisījumu klaipu pannā. Cep, līdz sasniegs 165 grādu iekšējo temperatūru. Izņemiet no cepeškrāsns un ļaujiet nostāvēties 20 minūtes pirms sagriešanas.

Izgrieziet žiroskopu un pa virsu uzlieciet tzatziki mērci.

Uzturs (uz 100g): 289 kalorijas 1 g tauki 20 g ogļhidrāti 50 g olbaltumvielas 622 mg nātrija

mussaka

Pagatavošanas laiks: 10 minūtes
gatavošanas laiks: 45 minūtes
Porcijas: 8
Grūtības līmenis: grūti

Sastāvdaļas:

- 5 ēdamkarotes neapstrādātas augstākā labuma olīveļļas, sadalītas
- 1 baklažāns, sagriezts (ar ādu)
- 1 sasmalcināts sīpols
- 1 zaļā paprika, izsēta un sasmalcināta
- Puskilograma malta tītara
- 3 maltas ķiploka daiviņas
- 2 ēdamkarotes tomātu pastas
- 1 bundža sasmalcinātu tomātu, nosusināti
- 1 ēdamkarote itāļu garšvielu
- 2 tējkarotes Vusteršīras mērces
- 1 tējkarote žāvēta oregano
- ½ tējkarotes kaneļa pulvera
- 1 glāze beztauku, bez cukura grieķu jogurta
- 1 sakulta ola
- ¼ tējkarotes svaigi maltu melno piparu
- ¼ tējkarotes malta muskatrieksta
- ¼ glāzes rīvēta parmezāna siera

- 2 ēdamkarotes sasmalcinātu svaigu pētersīļu lapu

Instrukcijas:

Uzkarsē cepeškrāsni līdz 400 ° F. Pagatavojiet 3 ēdamkarotes olīveļļas, līdz tā sāk mirgot. Pievienojiet baklažānu šķēles un apcepiet 3 līdz 4 minūtes no katras puses. Pārliek uz papīra dvieļiem, lai notecinātu.

Atgrieziet pannu uz uguns un ielejiet atlikušās 2 ēdamkarotes olīveļļas. Pievienojiet sīpolu un zaļos piparus. Turpiniet gatavot, līdz dārzeņi ir mīksti. Izņem no pannas un noliek malā.

Uzkarsē pannu uz uguns un iemaisa tītaru. Vāra apmēram 5 minūtes, sadrupinot ar karoti, līdz zeltaini brūna. Pievienojiet ķiplokus un vāriet 30 sekundes, nepārtraukti maisot.

Iemaisa tomātu pastu, tomātus, itāļu garšvielas, Vusteršīras mērci, oregano un kanēli. Ielieciet sīpolu un papriku atpakaļ pannā. Vāra 5 minūtes, maisot. Apvienojiet jogurtu, olu, piparus, muskatriekstu un sieru.

Sakārtojiet pusi gaļas maisījuma 9x15 collu cepamajā traukā. Pārklājiet ar pusi no baklažāna. Pievienojiet atlikušo gaļas maisījumu un atlikušos baklažānus. Izklājiet jogurta maisījumu. Cep līdz zeltaini brūnai. Dekorē ar pētersīļiem un pasniedz.

Uzturs (uz 100g): 338 kalorijas 5 g tauki 16 g ogļhidrāti 28 g olbaltumvielas 569 mg nātrija

Cūkgaļas fileja ar zaļumiem un dižonu

Pagatavošanas laiks: 10 minūtes
gatavošanas laiks: 30 minūtes
Porcijas: 6
Grūtības pakāpe: vidēja

Sastāvdaļas:

- ½ glāzes sasmalcinātu svaigu itāļu pētersīļu lapu
- 3 ēdamkarotes svaigas rozmarīna lapas, sasmalcinātas
- 3 ēdamkarotes svaigas timiāna lapas, sasmalcinātas
- 3 ēdamkarotes dižonas sinepju
- 1 ēdamkarote extra virgin olīveļļas
- 4 maltas ķiploka daiviņas
- ½ tējkarotes jūras sāls
- ¼ tējkarotes svaigi maltu melno piparu
- 1 cūkgaļas fileja (1 ½ mārciņas)

Instrukcijas:

Uzkarsē cepeškrāsni līdz 400 ° F. Samaisiet pētersīļus, rozmarīnu, timiānu, sinepes, olīveļļu, ķiplokus, jūras sāli un piparus. Apstrādājiet apmēram 30 sekundes, līdz gluda. Vienmērīgi izklājiet maisījumu uz cūkgaļas un novietojiet to uz cepešpannas ar malām.

Cepiet, līdz gaļa sasniedz iekšējo temperatūru 140 ° F. Pirms sagriešanas un pasniegšanas izņemiet no cepeškrāsns un nolieciet malā uz 10 minūtēm.

Uzturs (uz 100g): 393 kalorijas 3 g tauki 5 g ogļhidrāti 74 g olbaltumvielas 697 mg nātrija

Steiks ar sarkanvīnu - sēņu mērci

Iestatīšanas laiks: minūtes plus 8 stundas marinēšanai
gatavošanas laiks: 20 minūtes
Porcijas: 4
Grūtības līmenis: grūti

Sastāvdaļas:

- <u>Marinādei un steikam</u>
- 1 glāze sausa sarkanvīna
- 3 maltas ķiploka daiviņas
- 2 ēdamkarotes neapstrādātas augstākā labuma olīveļļas
- 1 ēdamkarote sojas mērces ar zemu nātrija saturu
- 1 ēdamkarote žāvēta timiāna
- 1 tējkarote dižonas sinepju
- 2 ēdamkarotes neapstrādātas augstākā labuma olīveļļas
- 1 līdz 1,5 mārciņas svārku steika, plakana steika vai trīssteika
- <u>Sēņu mērcei</u>
- 2 ēdamkarotes neapstrādātas augstākā labuma olīveļļas
- Puskilogramu kremini sēņu, sadalītas četrās
- ½ tējkarotes jūras sāls
- 1 tējkarote žāvēta timiāna
- 1/8 tējkarotes svaigi maltu melno piparu
- 2 maltas ķiploka daiviņas
- 1 glāze sausa sarkanvīna

Instrukcijas:

Lai pagatavotu marinādi un steiku

Mazā bļodiņā samaisiet vīnu, ķiplokus, olīveļļu, sojas mērci, timiānu un sinepes. Ielejiet atkārtoti noslēdzamā maisiņā un pievienojiet steiku. Ievietojiet steiku ledusskapī, lai marinētu 4 līdz 8 stundas. Izņemiet steiku no marinādes un nosusiniet ar papīra dvieļiem.

Vāra eļļu lielā pannā, līdz tā sāk mirgot.

Novietojiet steiku un cepiet apmēram 4 minūtes no katras puses, līdz tā ir dziļi brūna no katras puses un steiks ir sasniedzis iekšējo temperatūru 140 °F. Izņemiet steiku no pannas un novietojiet to uz šķīvja, kas pārklāta ar foliju, lai saglabātu siltumu. karsē, vienlaikus gatavojot sēņu mērci.

Kad sēņu mērce ir gatava, sagrieziet steiku pret graudiem ½ collas biezās šķēlēs.

Lai pagatavotu sēņu mērci

Pagatavojiet eļļu tajā pašā pannā uz vidēji augstas uguns. Pievienojiet sēnes, jūras sāli, timiānu un piparus. Vāra apmēram 6 minūtes, ļoti reti maisot, līdz sēnes ir brūnas.

Sautē ķiplokus. Iemaisiet vīnu un izmantojiet koka karotes malu, lai no pannas apakšas izvilktu brūnus gabaliņus. Vāra, līdz šķidrums samazinās uz pusi. Pasniedziet sēnes ar karoti virs steika.

Uzturs (uz 100g): 405 kalorijas 5 g tauki 7 g ogļhidrāti 33 g olbaltumvielas 842 mg nātrija

grieķu kotletes

Pagatavošanas laiks: 20 minūtes
gatavošanas laiks: 25 minūtes
Porcijas: 4
Grūtības pakāpe: vidēja

Sastāvdaļas:

- 2 šķēles pilngraudu maizes
- 1¼ mārciņas malta tītara
- 1 ola
- ¼ glāzes garšvielu pilngraudu maizes drupatas
- 3 maltas ķiploka daiviņas
- ¼ sarkanā sīpola, sarīvēta
- ¼ glāzes sasmalcinātu svaigu itāļu pētersīļu lapu
- 2 ēdamkarotes sasmalcinātu svaigu piparmētru lapu
- 2 ēdamkarotes sasmalcinātu svaigu oregano lapu
- ½ tējkarotes jūras sāls
- ¼ tējkarotes svaigi maltu melno piparu

Instrukcijas:

Uzkarsē cepeškrāsni līdz 350 ° F. Uz cepešpannas novietojiet pergamenta papīru vai alumīnija foliju. Palaidiet maizi zem ūdens, lai to samitrinātu, un izspiediet lieko. Slapjo maizi sarīvē mazos gabaliņos un ievieto vidējā bļodā.

Pievienojiet tītaru, olu, rīvmaizi, ķiplokus, sarkanos sīpolus, pētersīļus, piparmētras, oregano, jūras sāli un piparus. Kārtīgi samaisa. No maisījuma veido ¼ glāzes lieluma bumbiņas. Novietojiet kotletes uz sagatavotās cepešpannas un cepiet apmēram 25 minūtes vai līdz iekšējā temperatūra sasniedz 165 ° F.

Uzturs (uz 100g): 350 kalorijas 6 g tauki 10 g ogļhidrāti 42 g olbaltumvielas 842 mg nātrija

jēra gaļa ar pupiņām

Pagatavošanas laiks: 10 minūtes
Gatavošanas laiks: 1 stunda
Porcijas: 6
Grūtības līmenis: grūti

Sastāvdaļas:

- ¼ glāzes neapstrādātas augstākā labuma olīveļļas, sadalīta
- 6 jēra karbonādes, bez papildu taukiem
- 1 tējkarote jūras sāls, sadalīta
- ½ tējkarotes svaigi maltu melno piparu
- 2 ēdamkarotes tomātu pastas
- 1 ½ tase karsta ūdens
- 1 mārciņa zaļās pupiņas, apgrieztas un pārgrieztas uz pusēm
- 1 sasmalcināts sīpols
- 2 sasmalcināti tomāti

Instrukcijas:

Pagatavojiet 2 ēdamkarotes olīveļļas lielā pannā, līdz tā sāk mirgot. Garšojiet jēra karbonādes ar ½ tējkarotes jūras sāls un 1/8 tējkarotes piparu. Cepiet jēru karstā eļļā apmēram 4 minūtes no katras puses, līdz tā ir brūna no abām pusēm. Novietojiet gaļu uz šķīvja un nolieciet malā.

Atgrieziet pannu uz uguns un pievienojiet atlikušās 2 ēdamkarotes olīveļļas. Karsē, līdz tas sāk spīdēt.

Bļodā izkausē tomātu pastu karstā ūdenī. Pievienojiet karstai pannai kopā ar zaļajām pupiņām, sīpolu, tomātiem un atlikušo ½ tējkaroti jūras sāls un ¼ tējkarotes piparu. Uzkarsē līdz vārīšanās temperatūrai, izmantojot karotes malu, lai no pannas apakšas nokasītu brūnos gabaliņus.

Atgrieziet jēra karbonādes uz pannas. Uzkarsē līdz vārīšanās temperatūrai un noregulē siltumu uz vidēji zemu. Pagatavojiet 45 minūtes, līdz pupiņas ir mīkstas, pēc vajadzības pievienojot vairāk ūdens, lai pielāgotu mērces biezumu.

Uzturs (uz 100g): 439 kalorijas 4 g tauki 10 g ogļhidrāti 50 g olbaltumvielas 745 mg nātrija

Vistas gaļa balzamiko tomātu mērcē

Pagatavošanas laiks: 10 minūtes

gatavošanas laiks: 20 minūtes

Porcijas: 4

Grūtības pakāpe: vidēja

Sastāvdaļas

- 2 (8 unces jeb 226,7 g katra) vistas krūtiņas bez kauliem, bez ādas
- ½ tējkarotes sāls
- ½ tējkarotes maltu piparu
- 3 ēd.k. Nerafinēta olīveļļa
- ½ c. uz pusēm pārgriezti ķiršu tomāti
- 2 ēd.k. sagrieztu šalotes sīpoli
- ¼ c. balzāmetiķis
- 1 Ēdamkarote. sasmalcinātu ķiploku
- 1 Ēdamkarote. grauzdētas fenheļa sēklas, sasmalcinātas
- 1 Ēdamkarote. sviests

Instrukcijas:

Sagrieziet vistas krūtiņas 4 daļās un sasmalciniet ar āmuru, līdz tās ir ¼ collas biezas. Izmantojiet ¼ tējkarotes katra pipara un sāls, lai pārklātu vistu. Pannā uz vidējas uguns sakarsē divas ēdamkarotes eļļas. Cepiet vistas krūtiņas no abām pusēm trīs minūtes. Novietojiet to uz pasniegšanas šķīvja un pārklājiet ar alumīnija foliju, lai tas būtu silts.

Pannā pievieno ēdamkaroti eļļas, sīpolu un tomātu un sautē, līdz tie kļūst mīksti. Pievienojiet etiķi un vāriet maisījumu, līdz etiķis samazinās uz pusi. Pievienojiet fenheļa sēklas, ķiplokus, sāli un piparus un vāriet apmēram četras minūtes. Noņem no uguns un iemaisa sviestu. Ar šo mērci pārlej vistu un pasniedz.

Uzturs (uz 100g): 294 kalorijas 17 g tauki 10 g ogļhidrāti 2 g olbaltumvielas 639 mg nātrija

Brūnie rīsi, fetas siers, svaigi zirņi un piparmētru salāti

Pagatavošanas laiks: 10 minūtes
gatavošanas laiks: 25 minūtes
Porcijas: 4
Grūtības līmenis: viegli

Sastāvdaļas:

- 2 c. Brūnie rīsi
- 3 c. ūdens
- sāls
- 5 unces jeb 141,7 g drupināta fetas siera
- 2 c. vārīti zirņi
- ½ c. sasmalcinātas piparmētras, svaigas
- 2 ēd.k. eļļa
- Sāls un pipari

Instrukcijas:

Ieliemiet brūnos rīsus, ūdeni un sāli pannā un novietojiet uz vidējas uguns, pārklājiet un uzvāra. Pagrieziet uguni uz mazāko un ļaujiet tai gatavoties, līdz ūdens izšķīst un rīsi ir mīksti, bet košļājami. Ļaujiet tai pilnībā atdzist

Pievienojiet fetas sieru, zirņus, piparmētru, olīveļļu, sāli un piparus salātu bļodā ar atdzesētiem rīsiem un samaisiet. Pasniedziet un izbaudiet!

Uzturs (uz 100g): 613 kalorijas 18,2 g tauki 45 g ogļhidrāti 12 g olbaltumvielas 755 mg nātrija

Pilngraudu plātsmaize, pildīta ar olīvām un aunazirņiem

Pagatavošanas laiks: 10 minūtes
gatavošanas laiks: 20 minūtes
Porcijas: 2
Grūtības pakāpe: vidēja

Sastāvdaļas:

- 2 pilnas pitas kabatas
- 2 ēd.k. eļļa
- 2 maltas ķiploka daiviņas
- 1 sasmalcināts sīpols
- ½ tējkarotes ķimenes
- 10 sasmalcinātas melnās olīvas
- 2 c. vārīti aunazirņi
- Sāls un pipari

Instrukcijas:

Izgrieziet pitas kabatas un nolieciet malā. Noregulējiet siltumu uz vidēju un novietojiet katlu vietā. Pievieno eļļu un uzkarsē. Karstā pannā apvienojiet ķiplokus, sīpolus un ķimenes un samaisiet, kamēr sīpols kļūst mīksts un ķimenes kļūst aromātiskas. Pievienojiet olīvas, aunazirņus, sāli un piparus un samaisiet, līdz aunazirņi ir zeltaini brūni.

Noņemiet pannu no uguns un ar koka karoti rupji samaisiet aunazirņus, lai daži būtu neskarti, bet citi - sasmalcināti. Sildiet pitas kabatas mikroviļņu krāsnī, cepeškrāsnī vai tīrā pannā uz plīts.

Piepildiet tos ar savu aunazirņu maisījumu un izbaudiet!

Uzturs (uz 100g): 503 kalorijas 19 g tauki 14 g ogļhidrāti 15,7 g olbaltumvielas 798 mg nātrija

Grauzdēti burkāni ar riekstiem un Cannellini pupiņām

Pagatavošanas laiks: 10 minūtes
gatavošanas laiks: 45 minūtes
Porcijas: 4
Grūtības pakāpe: vidēja

Sastāvdaļas:

- 4 nomizoti burkāni, sasmalcināti
- 1 c. rieksti
- 1 Ēdamkarote. dārgs
- 2 ēd.k. eļļa
- 2 c. konservētas cannellini pupiņas, nosusinātas
- 1 zariņš svaiga timiāna
- Sāls un pipari

Instrukcijas:

Iestatiet cepeškrāsni uz 400 F/204 C un izklājiet cepešpannu vai cepumu loksni ar pergamenta papīru. Novietojiet burkānus un valriekstus uz cepešpannas vai cepešpannas. Apkaisiet burkānus un valriekstus ar olīveļļu un medu un berzējiet visu kopā, lai katrs gabals būtu pārklāts. Izklājiet pupiņas uz paplātes un ievietojiet burkānos un valriekstos.

Pievieno timiānu un visu pārkaisa ar sāli un pipariem. Ievietojiet paplāti cepeškrāsnī un cepiet apmēram 40 minūtes.

pasniedz un izbaudi

Uzturs (uz 100g):385 kalorijas 27 g tauki 6 g ogļhidrāti 18 g olbaltumvielas 859 mg nātrija

Sviestā garšota vista

Pagatavošanas laiks: 10 minūtes

gatavošanas laiks: 25 minūtes

Porcijas: 4

Grūtības pakāpe: vidēja

Sastāvdaļas:

- ½ c. Smags putukrējums
- 1 Ēdamkarote. sāls
- ½ c. kaulu buljons
- 1 Ēdamkarote. Pipari
- 4 ēd.k. Sviests
- 4 vistas krūtiņas pusītes

Instrukcijas:

Ievietojiet cepešpannu cepeškrāsnī uz vidējas uguns un pievienojiet ēdamkaroti sviesta. Kad sviests ir karsts un izkusis, pievienojiet vistu un cepiet piecas minūtes no katras puses. Šī laika beigās vistai jābūt labi pagatavotai un brūnai; ja tā ir, turpiniet un nolieciet to uz šķīvja.

Pēc tam karstajā pannā pievienosiet kaulu buljonu. Pievieno svaigo krējumu, sāli un piparus. Pēc tam atstājiet pannu mierā, līdz mērce sāk vārīties. Ļaujiet šim procesam notikt piecas minūtes, lai mērce sabiezē.

Visbeidzot, atlikušo sviestu un vistu atkal ielieciet pannā. Noteikti izmantojiet karoti, lai mērci pārlej vistas gaļai un pilnībā apslāpētu. Pasniedziet

Uzturs (uz 100g): 350 kalorijas 25 g tauku 10 g ogļhidrātu 25 g proteīna 869 mg nātrija

Dubultā siera bekona vista

Pagatavošanas laiks: 10 minūtes

gatavošanas laiks: 30 minūtes

Porcijas: 4

Grūtības līmenis: viegli

Sastāvdaļas:

- 4 unces jeb 113 g. Krējuma siers
- 1 c. Čedaras siers
- 8 bekona sloksnes
- Jūras sāls
- Pipari
- 2 maltas ķiploka daiviņas
- Vistas krūtiņa
- 1 Ēdamkarote. Bekona tauki vai sviests

Instrukcijas:

Iestatiet cepeškrāsni uz 400 F/204 C Pārgrieziet vistas krūtiņas uz pusēm, lai tās kļūtu plānas

Garšojiet ar sāli, pipariem un ķiplokiem. Cepamtrauku ieziež ar sviestu un ievieto tajā vistas krūtiņas. Uz krūtīm pievienojiet krējuma sieru un Čedaras sieru

Pievienojiet arī bekona šķēles. Ievietojiet cepešpannu cepeškrāsnī uz 30 minūtēm Pasniedziet karstu

Uzturs (uz 100g): 610 kalorijas 32 g tauki 3 g ogļhidrāti 38 g olbaltumvielas 759 mg nātrija

Garneles ar citronu un pipariem

Pagatavošanas laiks: 10 minūtes

gatavošanas laiks: 10 minūtes

Porcijas: 4

Grūtības līmenis: viegli

Sastāvdaļas:

- 40 attīstītas garneles, nomizotas
- 6 maltas ķiploka daiviņas
- sāls un melnie pipari
- 3 ēd.k. eļļa
- ¼ tējkarotes paprikas
- Šķipsniņa sasmalcinātu sarkano piparu pārslu
- ¼ tējkarotes rīvētas citrona miziņas
- 3 ēd.k. Šerijs vai cits vīns
- 1½ ēd.k. sagriezti pavasara sīpoli
- 1 citrona sula

Instrukcijas:

Noregulējiet siltumu uz vidēji augstu un novietojiet katlu vietā.

Pievieno olīveļļu un garneles, pārkaisa ar pipariem un sāli un vāra 1 minūti Pievieno papriku, ķiploku un čili pārslas, samaisa un vāra 1 minūti. Viegli iemaisa šeriju un vāra vēl minūti.

Garneles noņem no uguns, pievieno maurlokus un citrona miziņu, samaisa un pārliek garneles šķīvjos. Pievienojiet citrona sulu un pasniedziet

Uzturs (uz 100g): 140 kalorijas 1 g tauki 5 g ogļhidrāti 18 g olbaltumvielas 694 mg nātrija

Panēts un garšvielām bagāts paltuss

Pagatavošanas laiks: 5 minūtes
gatavošanas laiks: 25 minūtes
Porcijas: 4
Grūtības līmenis: viegli

Sastāvdaļas:

- ¼ c. sasmalcināti svaigi maurloki
- ¼ c. sasmalcinātas svaigas dilles
- ¼ tējkarotes maltu melno piparu
- ¾ c. panko maizes drupatas
- 1 Ēdamkarote. Nerafinēta olīveļļa
- 1 tējk. smalki sarīvēta citrona miziņa
- 1 tējk. jūras sāls
- 1/3 c. sasmalcināti svaigi pētersīļi
- 4 (6 unces jeb 170 g. katra) paltusa filejas

Instrukcijas:

Vidējā bļodā saputojiet olīveļļu un pārējās sastāvdaļas, izņemot paltusa fileju un rīvmaizi

Ievietojiet ātes fileju maisījumā un marinējiet 30 minūtes Uzkarsējiet cepeškrāsni līdz 400 F / 204 C Uzlieciet loksni uz cepešpannas, pārklājiet ar vārīšanas aerosolu. Iemērciet fileju rīvmaizē un novietojiet uz cepešpannas. Pagatavojiet cepeškrāsnī 20 minūtes. Pasniedziet karstu.

Uzturs (uz 100g): 667 kalorijas 24,5 g tauki 2 g ogļhidrāti 54,8 g olbaltumvielas 756 mg nātrija

Laša karijs ar sinepēm

Pagatavošanas laiks: 10 minūtes
gatavošanas laiks: 20 minūtes
Porcijas: 4
Grūtības līmenis: viegli

Sastāvdaļas:

- ¼ tējkarotes maltu sarkano piparu vai čili pulvera
- ¼ tējkarotes kurkuma, malta
- ¼ tējkarotes sāls
- 1 tējk. dārgs
- ¼ tējkarotes ķiploku pulvera
- 2 tējk. pilngraudu sinepes
- 4 (6 unces jeb 170 g katra) laša filejas

Instrukcijas:

Bļodā sajauc sinepes un pārējās sastāvdaļas, izņemot lasi. Uzkarsē cepeškrāsni līdz 350 F/176 C Pārklājiet cepešpannu ar gatavošanas aerosolu. Novietojiet lasi uz cepešpannas ar ādu uz leju un vienmērīgi izklājiet sinepju maisījumu pa filejas virsu. Liek cepeškrāsnī un sautē 10-15 minūtes vai līdz veidojas pārslas.

Uzturs (uz 100g): 324 kalorijas 18,9 g tauki 1,3 g ogļhidrāti 34 g olbaltumvielas 593 mg nātrija

Lasis ar valriekstu-rozmarīna garozu

Pagatavošanas laiks: 10 minūtes
gatavošanas laiks: 25 minūtes
Porcijas: 4
Grūtības pakāpe: vidēja

Sastāvdaļas:

- 1 mārciņa vai 450 g. saldēta laša fileja bez ādas
- 2 tējk. dižonas sinepes
- 1 malta ķiploka daiviņa
- ¼ tējkarotes citrona miziņas
- ½ tējkarotes medus
- ½ tējkarotes košera sāls
- 1 tējk. svaigi sasmalcināts rozmarīns
- 3 ēd.k. panko maizes drupatas
- ¼ tējkarotes sasmalcinātu sarkano piparu
- 3 ēd.k. sasmalcinātus riekstus
- 2 tējkarotes neapstrādātas augstākā labuma olīveļļas

Instrukcijas:

Iestatiet cepeškrāsni uz 420 F/215 C un izmantojiet pergamenta papīru, lai izklātu cepešpannu ar malām. Bļodā samaisa sinepes, citrona miziņu, ķiplokus, citronu sulu, medu, rozmarīnu, drupinātus sarkanos piparus un sāli. Citā bļodā sajauciet valriekstus, panko un 1 tējkaroti eļļas. Uz cepešpannas uzklāj pergamenta papīru un uz tās liek lasi.

Uzklājiet uz zivīm sinepju maisījumu un uzlieciet panko maisījumu. Pārējo olīveļļu viegli apsmidziniet pār lasi. Cep apmēram 10 līdz 12 minūtes vai līdz lasis atdalās ar dakšiņu. Pasniedziet to karstu

Uzturs (uz 100g): 222 kalorijas 12 g tauki 4 g ogļhidrāti 0,8 g olbaltumvielas 812 mg nātrija

Ātrie tomātu spageti

Pagatavošanas laiks: 10 minūtes
gatavošanas laiks: 25 minūtes
Porcijas: 4
Grūtības pakāpe: vidēja

Sastāvdaļas:

- 8 unces jeb 226,7 g spageti
- 3 ēd.k. eļļa
- 4 ķiploka daiviņas sagrieztas
- 1 halapeno, sagriezts
- 2 c. Ķiršu tomāts
- Sāls un pipari
- 1 tējk. balzāmetiķis
- ½ c. Rīvēts parmezāns

Instrukcijas:

Uz vidējas uguns uzvāra lielu ūdens katlu. Pievieno šķipsniņu sāls un uzvāra, tad pievieno spageti. Ļaujiet pagatavot 8 minūtes.

Kamēr makaroni vārās, uzkarsē pannā eļļu un pievieno ķiplokus un halapeno. Pagatavojiet vēl 1 minūti, pēc tam pievienojiet tomātus, piparus un sāli.

Vāra 5-7 minūtes, līdz tomātiem pārplīst miziņa.

Pievienojiet etiķi un noņemiet no karstuma. Labi nokāš spageti un pārlej ar tomātu mērci. Pārkaisa ar sieru un pasniedz uzreiz.

Uzturs (uz 100g): 298 kalorijas 13,5 g tauki 10,5 g ogļhidrāti 8 g olbaltumvielas 749 mg nātrija

Cepts siers ar oregano pipariem

Pagatavošanas laiks: 10 minūtes
gatavošanas laiks: 25 minūtes
Porcijas: 4
Grūtības līmenis: viegli

Sastāvdaļas:

- 8 unces jeb 226,7 g fetas siera
- 4 unces jeb 113 g mocarellas, sadrupinātas
- 1 sasmalcināts pipars
- 1 tējk. žāvēts oregano
- 2 ēd.k. eļļa

Instrukcijas:

Ievietojiet fetas sieru nelielā, dziļā cepšanas traukā. Pārklāj ar mocarellu un apkaisa ar piparu un oregano šķēlītēm. pārklāj savu katlu ar vāku. Cep iepriekš uzkarsētā 350 F/176 C cepeškrāsnī 20 minūtes. Pasniedziet sieru un izbaudiet.

Uzturs (uz 100g): 292 kalorijas 24,2 g tauki 5,7 g ogļhidrāti 2 g olbaltumvielas 733 mg nātrija

311. Kraukšķīga itāļu vista

Pagatavošanas laiks: 10 minūtes
gatavošanas laiks: 30 minūtes
Porcijas: 4
Grūtības līmenis: viegli

Sastāvdaļas:

- 4 vistas kājas
- 1 tējk. sausais baziliks
- 1 tējk. žāvēts oregano
- Sāls un pipari
- 3 ēd.k. eļļa
- 1 Ēdamkarote. balzāmetiķis

Instrukcijas:

Vistu labi garšo ar baziliku un oregano. Izmantojot pannu, pievieno eļļu un uzkarsē. Pievienojiet vistu karstajai eļļai. Ļaujiet katrai pusei pagatavot 5 minūtes līdz zeltaini brūnai, pēc tam pārklājiet pannu ar vāku.

Noregulējiet siltumu uz vidēju un vāriet 10 minūtes no vienas puses, pēc tam vairākkārt apgrieziet vistu, gatavojot vēl 10 minūtes, līdz tā kļūst kraukšķīga. Pasniedziet vistu un izbaudiet.

Uzturs (uz 100g): 262 kalorijas 13,9 g tauki 11 g ogļhidrāti 32,6 g olbaltumvielas 693 mg nātrija

www.ingramcontent.com/pod-product-compliance
Lightning Source LLC
Chambersburg PA
CBHW070420120526
44590CB00014B/1477